DE
l'Accaparement

par

Francis LAUR

Ancien Député de la Seine et de la Loire

Préface par

Edmond THÉRY

Directeur de « l'ÉCONOMISTE EUROPÉEN »

PREMIÈRE ÉDITION

1

Société Anonyme des Publications Scientifiques et Industrielles
Capital : 600.000 Francs
PARIS — 26, RUE BRUNEL, 26 — PARIS

1900

DE

L'ACCAPAREMENT

Essai Doctrinal

DE l'Accaparement

par

Francis LAUR

Ancien Député de la Seine et de la Loire

Préface par

Edmond THÉRY

Directeur de « l'Économiste Européen »

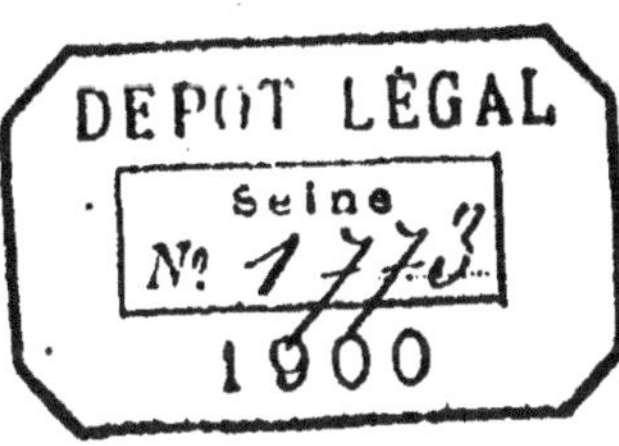

Société Anonyme des Publications Scientifiques et Industrielles
Capital : 600.000 Francs
PARIS — 26, RUE BRUNEL, 26 — PARIS

1900

A M. DE FREYCINET

En souvenir de notre ami commun Gambetta.

PRÉFACE

Paris, le 7 avril 1900.

Mon Cher Laur,

J'ai suivi, dans l'Echo des Mines, la publication de vos très intéressantes études sur « l'Accaparement » et je vous félicite bien sincèrement des arguments nouveaux que vous avez su mettre en relief pour expliquer le phénomène de la « Concentration industrielle » qui est l'un des phénomènes économiques les plus curieux de notre époque.

Vous l'avez dit : la tendance vers la concentration industrielle qui se manifeste dans tous les pays du monde, n'est que la continuation du mouvement de concentration qu'a provoqué la machine à vapeur d'abord et ce qu'on a appelé le **machinisme** ensuite.

« Du jour où une machine à vapeur de 500 chevaux a été reconnue plus économique que dix machines à vapeur de cinquante chevaux chacune, l'usine centralisée a pris naissance, supprimant peu à peu les dix usines élémentaires.

« Ce que j'appellerai « le mouvement vers le prix de revient minimum de l'objet fabriqué » a été créé par le machinisme ; ce mouvement ne s'arrêtera pas là. »

Tout cela est parfaitement exact.

De tous les grands pays producteurs la France est

certainement celui où la « Concentration industrielle » a fait le moins de progrès ; mais les statistiques que je viens d'établir démontrent qu'elle est entrée dans le mouvement depuis quelques années et il me suffira de reproduire ici quelques extraits de mon étude en cours de publication (La France économique et financière) pour indiquer les résultats obtenus depuis seulement un demi-siècle.

*
* *

D'après le recensement professionnel de 1891 (nous ne connaissons pas encore celui de 1896), il y avait en France, à cette époque, 7.671.400 employeurs ou patrons, 7.104.900 ouvriers, 899.100 employés, 1.609.400 serviteurs et 1.514.100 personnes de professions inconnues. Les familles — vieillards, femmes ou enfants — de ces 18.798.900 citoyens ou citoyennes, comptaient 19.544.300 membres, portant ainsi la population existante française au chiffre officiel de 38.343.200 habitants.

Les ouvriers, employés ou serviteurs sont au nombre de 9.613.400 ; celui des patrons ou employeurs, est de 7.671.400, ce qui donne, en moyenne, 125 ouvriers, employés ou serviteurs par 100 patrons ou employeurs.

Ce premier fait nous apprend déjà que la propriété agricole, industrielle et commerciale, est extrêmement divisée en France et que le patronat y est facilement accessible à tous les ouvriers.

En supposant que les ouvriers travaillent 280 journées dans l'année et que les patrons travaillent un quart de moins que leurs ouvriers (ce qui n'est pas bien certain, car dans beaucoup de cas la vie du patron se confond avec celle de ses ouvriers et le travail personnel du patron employeur est souvent de plus longue *durée que celui des ouvriers qu'il emploie) : la production nationale absorberait 1.611 millions de journées de travail ouvrier.*

La population française n'ayant pas sensiblement augmenté depuis 1891, nous pouvons supposer que ces chiffres sont également applicables à l'année 1898 :

Voilà pour le travail musculaire humain.

Nous savons, par la statistique du Ministère de l'Agriculture que la France possède environ 2.800.000 chevaux, 217.000 mulets et 369.000 ânes : Les trois quarts de ces animaux travaillent pour l'agriculture, l'industrie ou le commerce, c'est-à-dire pour les besoins généraux de la collectivité.

A 280 journées de travail par année, leur puissance musculaire, convertie en travail musculaire humain (cheval de trait $=7$ hommes ; mulet $=5$ hommes ; âne $=3$ hommes), donnerait 4.552 millions de journées.

Enfin, la statistique du Ministère des Travaux publics nous indique qu'il y avait en France, en 1898, 91.979 machines à vapeur de toutes sortes travaillant pour les besoins de l'existence ou l'agrément de la collectivité, et dont la puissance totale atteignait 6.779.000 chevaux-vapeur.

On admet, à l'Administration des mines, qu'un cheval-vapeur représente, comme puissance de travail ; 3 chevaux de trait, ou 21 hommes de peine. En comptant aussi pour les machines 280 journées de travail par année, et en convertissant leur force totale en journée de travail musculaire humain, on aurait comme équivalence :

$$6.779.000 \times 21 \times 280 = 39.860 \text{ millions de journées.}$$

De sorte que la collectivité française aurait utilisé

en 1898, pour tous les besoins de son existence, le travail dynamique suivant :

Travail patronal.....	1.611	millions de journées
Travail ouvrier......	2.692	—
Travail animal......	4.552	—
Travail vapeur......	39.860	—
Total......	48.715	millions de journées

Et ce tableau récapitulatif ne comprend ni le travail des bœufs employés aux travaux de labour ou aux transports, ni la force hydraulique captée par l'industrie, ni la force aérienne utilisée par la marine à voiles et les moulins à vent.

La France comptant 38.560.000 habitants en 1898, les journées d'existence de la population française (hommes, femmes et enfants) ont atteint, pour l'année entière, $38.560.000 \times 365 = 14.074$ millions de journées.

Chacune de ces journées d'existence absorberait donc 3.46 journées de travail dynamique, ainsi décomposées :

Travail patronal........	0.12	journées
Travail ouvrier........	0.19	—
Travail animal.........	0.32	—
Travail vapeur.........	2.83	—
Total égal....	3.46	journées

En 1850, la population de la France était de 35 millions 690.000 habitants ; elle avait à sa disposition à peu près le même nombre de bêtes de trait et de somme qu'en 1899, mais elle n'utilisait encore que 6.832 machines à vapeur, engendrant une force totale de 186.000 chevaux-vapeur.

En supposant, ce qui est vraisemblable, que la proportion d'ouvriers, employés ou serviteurs et de pa-

trons, fut, pour la population de 1850, la même que pour la population de 1898, le travail dynamique de la France aurait fourni en 1850 :

Travail patronal......	1.403	millions de journées
Travail ouvrier.......	2.479	—
Travail animal.......	4.552	—
Travail vapeur........	1.094	—
Total.........	9.608	millions de journées

Les 35.690.000 habitants de la France représentant 13.027 millions de journées d'existence hommes, femmes et enfants, chacune de ces journées absorbait le travail dynamique de 0.81 journée de travail, ainsi décomposée :

Travail patronal......	0.13	journée
Travail ouvrier.......	0.21	—
Travail animal	0.38	—
Travail vapeur........	0.09	—
Total égal...	0.81	journée

On peut résumer ces calculs sous la forme suivante: L'ensemble du travail dynamique nécessaire à l'existence annuelle de la population française étant égal à 100, chacun des éléments de travail aurait représenté :

	En 1850	En 1898
	0/0	0/0
Travail patronal......	16.1	3.3
Travail ouvrier.......	25.9	5.4
Travail animal.......	46.9	9.4
Travail vapeur.......	11.1	81.8
Totaux égaux...	100.0	100.0

Ces chiffres démontrent que la population française de 1898, ayant à sa disposition quatre fois plus de travail dynamique qu'en 1850, doit également produire et consommer un ensemble de choses au moins quatre fois plus considérable. Mais ils établissent aussi d'une manière indéniable que le travail musculaire humain — le travail de l'esclave, comme on l'appelle dans certain milieu — ne joue plus qu'un rôle insignifiant dans notre organisme économique moderne.

*
* *

C'est la vapeur qui fournit déjà les quatre cinquièmes de l'effort dynamique exigé par les besoins toujours croissants de la collectivité française ; c'est l'outillage perfectionné qu'elle met en œuvre qui a décuplé la puissance de notre production économique et créé ainsi les nouvelles richesses dont tout le monde profite...... et il suffit de jeter un simple coup d'œil sur le passé pour comprendre que le machinisme — qui a déjà si profondément transformé et amélioré les conditions de la vie humaine, bien qu'il ne date que de quelques années — doit nécessairement supprimer la lutte des classes dans l'avenir.

En 1850, la France ne possédait que 6,832 machines à vapeur de toutes sortes, dont la force totale n'excédait pas 186.000 chevaux-vapeur. La population française était de 35.690.000 habitants ; cette population avait à son service 5 chevaux-vapeur par 1.000 habitants.

En admettant pour chaque machine un travail moyen annuel de 280 journées : à raison d'une équivalence de force de 21 hommes de peine par cheval-vapeur, le machinisme aurait mis à la disposition de chaque Français, en 1850, 29 journées de travail dynamique pour l'année entière.

Connaissant, chaque année, le chiffre de la population française, le nombre des machines à vapeur en service sur le territoire français et leur puissance to-

tale en chevaux-vapeur, on peut — en procédant comme pour l'année 1850 — dresser le tableau suivant :

Travail-vapeur mis chaque année au service
de la population française

Années	Population française	Nombre de		Chevaux-vapeur par 1.000 habitants	Journées-hommes par année et par habitant
		Machines	Chevaux-vapeur		
1850......	35.690.000	6.832	186.000	5	29
1860......	36.484.000	18.726	534.000	14	82
1875......	36.638.000	40.056	2.466.000	67	394
1880......	37.519.000	53.273	3.338.000	89	523
1885......	38.153.000	66.517	4.529.000	118	694
1890......	38.300.000	75.749	5.176.000	135	794
1895......	38.450.000	85.390	6.121.000	159	935
1898......	38.560.000	91.979	6.779.000	176	1.034

Pour les années antérieures à 1875, le nombre total des chevaux-vapeur n'est qu'approximatif, parce que l'Administration des mines, chargée de la surveillance des appareils à vapeur, comptait les locomotives à une puissance uniforme de 100 chevaux-vapeur; mais à partir de 1875, la statistique a été modifiée, et on doit tenir pour exacts les chiffres de 1880 et des années suivantes.

Entre 1880 et 1898, c'est-à-dire dans une période de dix-huit années absolument comparables entre elles, la puissance du travail-vapeur a doublé d'importance, et on peut dire qu'indépendamment de la main-d'œuvre humaine et de la force animale, chaque citoyen français a aujourd'hui à son service trois esclaves de fer, dont les frais de nourriture et d'entretien ne dépassent pas 0 fr. 05 par jour.

On pourrait, il est vrai, soutenir que cette réparti-

lion est purement théorique et qu'en réalité les esclaves de fer ne travaillent qu'au profit de la minorité capitaliste qui les possède. Ce serait une affirmation risquée, car il suffit de constater l'énorme développement du bien-être public, survenu depuis un demi-siècle, pour acquérir la certitude que l'influence bienfaisante du travail-vapeur s'est exercée au profit de toutes les couches sociales.

On consomme beaucoup plus de pain de froment, de viande fraîche, de boissons, de sucre, de denrées coloniales, etc., qu'en 1850; on s'habille mieux, les logements sont plus sains, l'hygiène est mieux observée, on voyage, on se distrait davantage. Les salaires sont beaucoup plus élevés, l'épargne publique augmente d'année en année et les statistiques les plus rigoureuses établissent que la fortune acquise se transforme progressivement en valeurs mobilières, que ces valeurs se morcellent à l'infini et qu'elles ont déjà pénétré en masse dans les classes laborieuses.

Que tout ne soit point parfait dans notre société moderne, qu'il y reste encore un grand nombre de misères à soulager et de réformes à accomplir : c'est certain ! Mais contester les progrès réalisés, méconnaître les résultats obtenus : c'est nier systématiquement l'évidence des faits.

Recevez, mon cher Laur, mes meilleures cordialités.

EDMOND THÉRY.

I

L'ACCAPAREMENT DANS L'HISTOIRE

L'accaparement au temps où les moyens de communication manquaient, où les grands échanges internationaux n'existaient presque pas, était une chose possible, presque facile et très dommageable. Aussi les peines édictées contre lui étaient-elles très sévères : l'emprisonnement, la mort.

La plus ancienne loi que l'on connaisse contre l'*accaparement* remonte aux capitulaires de Charlemagne. La civilisation romaine semble avoir ignoré ce délit, probablement parce que la situation même de l'Empire avec la Mer Méditerranée comme centre et comme moyen merveilleux de transports, rendait inutiles des prescriptions contre ce fait économique spécial.

Et puis l'on ne visait au début des civilisations que l'accaparement des denrées alimentaires et l'Empire romain, pays du soleil, n'a guère connu les grandes famines. Mais après Charlemagne on rencontre à presque toutes les époques, des ordonnances royales ou des arrêts du Parlement rendus contre les *accapareurs*.

Il est clair que l'imagination populaire poursuit alors — bien plutôt des hommes âpres au gain, puissants, riches, et par conséquent jalousés, — qu'une idée de justice générale et d'intérêt supérieur de la collectivité. Ce sont des tempêtes locales ou régionales qui éclatent et souvent des vengeances ou des rancunes particulières qui s'exercent, à la faveur d'un spectre qui a toujours hanté les masses.

Sully, le grand Sully, supprime un beau jour tous ces arrêts, prétendant que le libre jeu de la production, des échanges et la richesse agricole (surexcités par une bonne organisation économique du pays) doivent seuls avoir facilement raison des accaparements.

Mais le grand homme aussitôt disparu, le fantôme de la famine renait. Les arrêts sont remis en vigueur sous Louis XIII et Louis XIV. Louis XV est même accusé lui-même d'accaparer les blés et l'on peut dire que cette accusation durant les famines qui désolent la fin de son règne, ne contribue pas peu à saper les bases de la monarchie.

Enfin, la Révolution entre en scène, avec son cortège de mouvements populaires, de discussions passionnées et de points de vue théoriques.

La Constituante s'occupe d'abord de l'accaparement, avec magnanimité. Elle se place du premier coup au point de vue le plus élevé.

Elle décrète « la liberté commerciale et industrielle » comme Sully. Mais deux années plus tard une disette se fait sentir, conséquence terrible de la coalition européenne contre la France et il faut de nouveau revenir aux lois d'exception et de circonstance.

Un décret rendu par la Convention les 26-28 août 1793 donne alors une première définition presque enfantine de l'accaparement « *action de dérober à la circulation des marchandises ou des denrées de première nécessité en les tenant enfermées dans un lieu quelconque, sans les mettre en vente journellement et publiquement, ou en les laissant gâter volontairement* ».

On le voit, ce sont toujours les grains qui sont visés.

Le même décret punit l'*accaparement* de la peine de mort.

Cette loi sévère est appliquée deux ou trois fois sous la Terreur.

Chose curieuse, aucune disposition législative n'a abrogé cette loi draconienne *et à la rigueur il serait possible actuellement de requérir la peine de mort contre les accapareurs.!!* En vain une note du *Moniteur* du 17 novembre 1853 admet-elle *implicitement* l'abolition du décret de la Convention mais il n'y a rien de spécial et de net à cet sujet.

Enfin le Code Napoléon apparait. Il cherche a réglementer mais de la façon la plus obscure et la plus gauche, il faut l'avouer, la spéculation et la coalition par les articles 419 et 420.

Ces articles sont ainsi conçus :

419. — Tous ceux qui par des faits faux ou calomnieux semés à dessein dans le public, par des suroffres faites au prix que demandaient les vendeurs eux-mêmes, par réunion ou coalition entre les principaux détenteurs d'une même marchandise ou denrée, tendant à ne pas la vendre ou à ne la vendre qu'un certain prix, ou qui, par des voies et des moyens frauduleux quelconques, auront opéré la hausse ou la baisse du prix des denrées ou marchandises ou des papiers ou effets publics au-dessus ou au-dessous des prix qu'aurait déterminé la concurrence naturelle et libre du commerce, seront punis d'un emprisonnement d'un mois au moins, d'un an au plus, et d'une amende de cinq cents francs à dix mille francs. Les coupables pourront de plus être mis, par l'arrêt ou le jugement, sous la surveillance de la haute police pendant deux ans au moins et cinq ans au plus (1) (Pén. 9, 11, 44, 420).

420. — La peine sera d'un emprisonnement de deux mois au moins et de deux ans au plus et d'une amende de mille francs, si ces manœuvres ont été pratiquées sur grains, grenailles, farines, substances farineuses, pain, vin ou toute autre boisson.

Ces articles que nous discuterons postérieurement admettent on le voit, implicitement, la liberté loyale

---

(1) L'article 419 n'est applicable que lorsque la hausse ou la baisse a suivi les moyens frauduleux ou la coalition. (Cass. 24 déc. 1812; 1er février 1834; 29 mai 1840; 9 avril 1863.

du commerce et de la spéculation, mais ils punissent quand même l'accaparement des denrées et ils caractérisent un nouveau genre de coalition qui entre désormais dans les préoccupations du monde moderne c'est-à-dire les manœuvres frauduleuses visant *la baisse ou la hausse des papiers ou effets publics.*

*
* *

Là s'arrêtent ce qu'on pourrait appeler les interventions législatives directes mais en dehors des lois précises visant l'accaparement, il y a dans l'esprit même de la Révolution des mesures indirectes contre ce délit. La vente des biens nationaux par exemple, la suppression des biens de main-morte, peuvent être considérés comme des mesures du pouvoir d'alors pour prévenir l'accaparement de cette richesse par excellence qu'est la terre.

Il y a un exemple plus curieux encore.

La loi du 21 avril 1810 sur les mines avait consacré le principe de la réunion de plusieurs concessions dans la même main. L'article 31 de cette loi était ainsi conçu :

Plusieurs concessions pourront être réunies entre les mains du même concessionnaire, soit comme individu soit comme représentant une compagnie.

Or, en vertu de cette permission de la loi, voilà que vers 1850 un grand nombre de concessions du bassin de la Loire sont réunies dans une même main sous le nom de *Compagnie des mines de la Loire*. 5,662 hectares sont ainsi groupés. Le bassin de la Loire va probablement être entièrement syndiqué, lorsqu'intervient subitement un décret du 23 octobre 1852 à la suite d'une intervention populaire et de pétitions des habitants. Ce décret est ainsi conçu :

Défense est faite à tout concessionnaire de mines de quelque matière qu'elles soient, de réunir sa ou ses concessions à d'autres concessions de même nature par association ou acquisition ou de toute autre manière, sans autorisation du gouvernement.

On pourra dire que cette défense n'est qu'une des conséquences du *droit régalien* d'où la loi de 1810 sur les mines procède toute entière, mais on ne peut oublier que cette loi proclame aussi (art. 7) *la propriété perpétuelle de la mine, laquelle est dès lors disponible et* **transmissible** *comme tout autre bien et dont on ne peut être exproprié que dans le cas et selon les formes prescrites pour les autres propriétés, conformément au Code civil ou au Code de procédure civile.*

Et quiconque a lu comme nous les procès-verbaux de la commission de 1810, quiconque, a eu connaissance de la scène de violence qui eut lieu entre Napoléon, Locré et Regnault à Saint-Jean-d'Angély à propos de cet article, comprendra toute la portée restrictive du décret du 23 octobre 1852. En effet, en 1809, Napoléon *exigea* cette perpétuité de la propriété de la mine, *imposa* cette création de la propriété nouvelle du « *champ souterrain* », qu'il voulut aussi transmissible, aussi sacré que le champ superficiaire. Toute la loi de 1810, — de cette loi organique maîtresse qui a résisté a toutes les attaques, — est dans cet article 7.

Comment se fait-il que le second Empire ait porté une atteinte aussi évidente à l'œuvre du premier en grevant le champ minier d'une nouvelle servitude, en le rendant moins transmissible et en le soustrayant si évidemment à l'empire du Code civil et du Code de procédure civile? C'est qu'évidemment la hantise de l'accaparement s'empara une fois de plus des esprits, en 1852.

L'accaparement minier est donc une troisième forme prévue par la législation française, après celle des blés et des papiers et effets publics.

*
* *

Mais on va plus loin en théorie sous la troisième république.

On se souvient que le 13 février 1873, M. **des Rotours** fit nommer une commission parlementaire à l'effet de constater l'état de l'industrie houillère et de rechercher les mesures à prendre pour la mettre à même de pourvoir aux besoins de la consommation.

Cette proposition est motivée « par la rareté et le « prix croissant de la houille jetant la perturbation « dans un grand no bre d'industries et imposant

« en même temps aux populations qui utilisent ce
« combustible pour leur consommation domestique,
« un renchérissement sensible des conditions de
« la vie ».

Quelques jours après on nomme une sous-commission composée de MM. **Grüner, Lefébure
de Fourcy, Dupont**, inspecteurs généraux des mines,
commission prise dans le Conseil général des
mines.

Cette sous-commission dont l'avis en la matière est
toujours de la plus haute importance, propose alors
de rédiger ainsi l'article 31 de la loi de 1810 sur les
mines.

*Tous actes de partage ou de réunion de concession
opérés en opposition à l'art. 7 seront considérés
comme nuls et non avenus et pourront donner lieu
au retrait des concessions*, **sans préjudice des
poursuites que les concessionnaires de mines
réunis pourraient avoir encourues en vertu des
articles 414 et 419 du Code pénal.**

On le voit, c'est le spectre de l'article du Code, sérieusement agité cette fois, par de hauts fonctionnaires. Le fait mérite pour cela d'être signalé. Disons
que cet article n'est pas mis en délibération et que
la commission de 22 membres nommés pour examiner la proposition de *Revision de la législation
des mines*, déposée par nous à la Chambre, n'a pas
voulu examiner la rédaction de l'article 31 ainsi
amendé par le Conseil général des Mines, mais le
fait n'en subsiste pas moins comme symptôme.

La France admet donc explicitement dans sa législation l'accaparement minier.

*
* *

A partir de 1852 la loi ne parle presque plus d'accaparements, sauf un peu, au moment de nos désastres, le 19 janvier 1871 pendant le siège de Paris. Le gouvernement de la Défense nationale se croit alors obligé de prendre un décret répressif « *contre les* « *détenteurs de blés ou de farines qui n'auraient* « *pas déclaré dans un délai déterminé les quan-* « *tités en leur possession* », mais, ce décret est rapporté deux jours après, à l'instigation de Dorian, croyons-nous.

En 1882, à la suite du *Krach* survenu sur les places de Lyon et de Paris, on réclame énergiquement l'application des articles 419 et 420 contre certains syndicats ; on est sur le point de légiférer. Le parquet de Lyon intervient à plusieurs reprises, mais les poursuites ne sont continuées que contre les infractions à la loi du 24 juillet 1867 sur les Sociétés.

*
* *

Enfin, en 1888-89, a lieu le drame du Comptoir d'Escompte et l'emprisonnement de M. **Secretan** pour l'affaire des cuivres. C'est depuis la Terreur la plus grave intervention de la Loi.

Pour la première fois apparaît comme un quatrième genre d'accaparement, difficile à caractériser du reste, non plus l'accaparement des denrées alimentaires comme aux siècles passés, non plus celui des valeurs de fonds publics, non plus l'accaparement minier, mais une sorte de coalition pour la vente et l'achat des matières industrielles, métaux, cuivre, étain, pétrole, sucres, laines, jute, etc.

Cette quatrième phase qu'on a appelée « la phase industrielle de l'accaparement » parait du reste revêtir un caractère plus scientifique, plus commercial.

On sort cette fois d'un cercle restreint et l'on entre dans la série incalculable et inclassable de tous les produits de l'activité humaine. Il est clair que là les obstacles s'accumulent devant le jurisconsulte.

Doit-on légiférer au sujet des matières industrielles?

Telle est la question posée par la dernière intervention de M. **Sembat** à la tribune et par la réponse de M. **Millerand**. Cette question est grosse de conséquences, elle appelle des réflexions de tous ordres.

Pour la résoudre, il faut d'abord examiner quelques points primordiaux.

II

Définition de l'Accaparement

II

DÉFINITION DE L'ACCAPAREMENT

Il est nécessaire avant de nous engager plus avant, de procéder à un premier travail pour bien définir ce que nous entendons par accaparement. On verra, par la confusion qui semble régner dans les esprits à cet égard (car on peut voir partout des accaparements ou n'en voir nulle part), combien le problème est délicat et important à résoudre tout d'abord.

De la définition de la Convention « action de déro « ber à la circulation des marchandises ou des denrées « de première nécessité en les tenant enfermées dans « un lieu quelconque sans les mettre en vente jour- « nellement et publiquement, ou en les laissant gâ- « ter volontairement » il ne faut retenir qu'une chose, ce sont ces mots : *de première nécessité*. Il y a là une indication salutaire, un commencement de délimitation de l'accaparement qui sans cela pourrait tout embrasser. Donc il faut qu'il s'agisse d'une matière ou d'un objet utile à la masse des citoyens. Voilà un premier point.

*****

Que faut-il retenir de l'article 419 au point de vue des principes ?

(Nous reviendrons à la discussion des termes, lorsqu'il s'agira de formuler un texte). (1).

Pour le moment, l'article 419 indique qu'il doit y avoir « faits faux ou calomnieux, voies et moyens frauduleux quelconques » pour constituer le délit.

La cour de cassation le 24 décembre 1812, le 1er février 1834, le 29 mai 1840, le 9 avril 1863 a jugé que l'article 419 n'était applicable « que lorsque la hausse ou la baisse avait suivi les moyens frauduleux ou la coalition. »

---

(1) 419. — Tous ceux qui par des faits faux ou calomnieux semés à dessein dans le public, par des suroffres faites au prix que demandaient des vendeurs eux-mêmes, par réunion ou coalition entre les principaux détenteurs d'une même marchandise ou denrée, tendant à ne pas la vendre ou à ne la vendre qu'un certain prix, ou qui, par des voies et des moyens frauduleux quelconques, auront opéré la hausse ou la baisse du prix des denrées ou marchandises ou des papiers ou effets publics au-dessus ou au-dessous des prix qu'aurait déterminé la concurrence naturelle et libre du commerce, seront punis d'un emprisonnement d'un mois au moins, d'un an au plus, et d'une amende de cinq cents francs à dix mille francs. Les coupables pourront de plus être mis, par l'arrêt ou le jugement sous la surveillance de la haute police pendant deux ans au moins et cinq ans au plus (1) (Pén. 9, 11, 44, 420).

420. — La peine sera d'un emprisonnement de deux mois au moins et de deux ans au plus et d'une amende de mille francs, si ces manœuvres ont été pratiquées sur grains, grenailles, farines, substances farineuses, pain, vin ou toute autre boisson.

Voilà donc les deux principes qu'il faut retenir des législations anciennes. Pour qu'il y ait accaparement il faut qu'il s'agisse de matières ou d'objets de première nécessité et il doit y avoir manœuvres frauduleuses pour le caractériser.

*
* *

Quelles notions nouvelles a introduit dans le délit d'accaparement, le développement du commerce et de l'industrie modernes ?

Les adversaires résolus de tout accaparement affirment que la principale modification a été, qu'au lieu d'être pratiqué par des individus isolés, il a emprunté la forme plurale. *Il n'y a plus d'accapareurs*, il y a des sociétés d'accaparement, des groupements, ce sont les *trusts*, les *pools*, les *corners*, en Amérique, — les *cartels*, les *syndicats* en Allemagne, les *comptoirs* en France, — les *unions* en Angleterre, etc.

Examinons cela.

M. **Paul de Rousiers** a donné dans son livre (*Les Industries monopolisées en Amérique*), une définition saisissante du *Trust*, l'instrument le plus perfectionnné de la concentration industrielle moderne.

« L'accaparement est une manœuvre temporaire et d'un caractère purement commercial dit-il.

« Le *Trust* est une organisation durable et d'un

« caractère industriel. On accapare momentanément,
« sur la place de Chicago ou de New-York, des
« grains auxquels on ne fait subir aucune modifica-
« tion ; on se propose simplement de raréfier l'offre
« de cette marchandise pour en faire monter le prix,
« puis, ce résultat obtenu, on réalise, on liquide
« l'opération. De même, un syndicat de spéculation
« vise toujours un bénéfice rapide.

« Au contraire, le *Trust* est essentiellement une
« entreprise de longue haleine et une entreprise in-
« dustrielle. Quand le *Trust* du pétrole, par exem-
« ple, établit des canalisations de plusieurs milliers
« de kilomètres pour transporter l'huile brute ; quand
« il construit une usine couvrant 128 hectares de
« superficie, comme celle de Whiting, sur les bords
« du lac Michigan, il engage des capitaux pour une
« longue période. Et il n'est pas seulement marchand,
« il est transporteur et raffineur de pétrole. Le *Trust*
« du pétrole monopolise une industrie d'une façon
« durable, il constitue une entrave à la liberté de la
« concurrence, et c'est par là qu'il nous intéresse.
« Cette entrave est l'indice d'un péril sérieux en
« effet, si la monopolisation s'est accomplie normale-
« ment ; elle perd beaucoup de sa gravité si la mo-
« nopolisation tient à des circonstances exception-
« nelles ou artificielles ; en tout cas, elle existe, et
« elle existe depuis une vingtaine d'années.

« Au contraire, l'accaparement n'est jamais qu'une
« atteinte momentanée à la liberté de la concurrence.
« L'accaparement passe et la liberté subsiste. L'ac

« caparement est un phénomène très anciennement
« connu ; il ne révèle donc pas un état nouveau.
« Mais on peut se demander si les *Trusts* n'ouvrent
« pas une ère nouvelle, l'ère des monopoles succé-
« dant à l'ère de la libre concurrence ».

Telle est la définition par M. **Paul de Rousiers**, de
l'accaparement moderne dans sa forme la plus parfaite, le *trust*. On le voit elle est incomplète et trop
particulière. Ce n'est pas le *trust* seulement qui
constitue nécessairement l'acte d'accaparement durable.

Il peut y avoir bien d'autres formes que celles
que nous avons citées et chaque peuple, selon son
génie peut, dans le phénomène nouveau et incoercible
de la concentration industrielle, apporter des modifications aux *trusts* et créer des groupements spéciaux, soit pour le monopole industriel, soit pour
la vente des produits, soit pour la réglementation de
la production, etc.

En vain, voudrait-on, croyons-nous distinguer
entre les *trusts*, les *corners*, les *pools*, les *syndicats*, les *comptoirs*, les *unions*, on s'y perdrait.

L'accaparement n'est pas une forme déterminée
d'association, c'est un état d'esprit commercial.

Ce qu'il faut dire c'est que toutes ces ententes
correspondent d'abord à une nécessité de l'industrie
moderne, à une de ces poussées économiques mys
térieuses, que la volonté de l'homme est impuissante
à prévoir et à contenir. Les lois économiques, on ne

les change pas, on les subit et c'est ce qui les caractérise.

Mais il y a un lien entre toutes ces formes de la concentration industrielle, ce lien, c'est l'association. C'est le principe même de l'association commerciale basée sur le groupement libre des volontés et des forces industrielles, qui est en jeu.

Il n'entrera pas dès lors, croyons-nous, dans l'esprit d'aucun législateur de réglementer autrement que ne l'ont fait les lois spéciales, le droit d'association commerciale et industrielle.

Attaquer le *trust* plutôt que le *corner* ou le *cartel* serait faire une œuvre puérile. On arriverait rapidement aux lois d'exception pour l'industrie. Et malheur, croyons-nous au pays qui édicterait des lois contre les associations économiques. Son industrie périrait et avec elle le gouvernement qui aurait pris une aussi funeste initiative.

Donc, liberté d'association économique. Comme l'a dit Sully, c'est le libre jeu de la production des échanges et de la richesse agricole qu'il faut avoir comme idéal.

Il ne s'agit pas de faire des lois remontant des courants économiques, portant atteinte à la liberté d'association ; ce qu'il faut faire c'est prévenir dans une certaine mesure les excès, les fraudes, lésant la collectivité.

Voilà quel doit être le but unique du législateur.

***

Cela dit, d'après nous il faut trois conditions essentielles réunies, pour qu'il y ait accaparement c'est-à-dire délit .

D'abord, concentration industrielle sous une forme d'association quelconque avec entente, *coalition*, dans le sens le plus honorable et parfaitement légal du mot. Ceux qui prétendraient sévir, simplement parce qu'il y a syndicat, *trust* ou comptoir, feraient une chose monstrueuse et antilibérale.

La seconde condition qui doit être réalisée pour qu'il puisse y avoir délit, c'est « l'intention de nuire », « la manœuvre frauduleuse, les faits faux ou calomnieux » exigés par l'article 419 et par la Cour de cassation.

Il faut qu'il y ait dommage, en effet, car on peut démontrer que certains syndicats, loin d'avoir amené la surélévation des prix en ont amené au contraire la stabilité et parfois l'abaissement.

Il peut donc y avoir concentration de forces agricoles, industrielles ou commerciales et bénéfice pour la collectivité. C'est ce qu'ont amené jusqu'à un certain point — il faut le reconnaître — les Grands Magasins, vaste concentration commerciale, qui a lésé le petit commerce, mais avantagé le consommateur en général.

Donc l'intention de nuire par la coalition frauduleuse est une seconde condition *sine qua non* qu'il faut remplir pour être poursuivi.

*
* *

Il en est enfin une troisième tout aussi importante. La concentration, la manœuvre, doivent viser une matière première, un objet ou une denrée de première nécessité. C'est ce qu'a indiqué la définition de la Convention (1).

La collectivité ne peut pas, ne doit pas se défendre contre la spéculation — laquelle peut même être défendue à la rigueur en disant d'elle qu'elle est, suivant l'expression d'un économiste célèbre — le sti mulant et l'école des transactions.

La spéculation sur les objets de luxe, les valeurs, les mille produits divers du génie humain, pour satisfaire les goûts de bien-être de l'homme, sont choses dont la collectivité n'a pas à s'inquiéter. Ce qu'elle veut, c'est une loi de défense sociale contre la faim, —d'où la loi de la Convention —contre la crainte de voir les fonds publics drainés(crainte devenue deplus en plus chimérique du reste) d'où la disposition spéciale de l'article 419 — contre la réunion des mines entre les mains de quelques individus,—d'où le décret d'octobre 1852 — contre des dangers nouveaux que

---

(1) Ce mot de première nécessité sera lui-même défini plus loin dans un chapitre spécial car il prête à la controverse. Pour la clarté de cette définition nous y renvoyons le lecteur.

pourrait engendrer la concentration industrielle —
d'où les préoccupations actuelles des législateurs.

Il s'agit donc toujours de prévoir des dangers d'ordre
général pour la collectivité et non pas de sauver
de force certains particuliers, du jeu, de la prodigalité
ou de la spéculation.

De là, la nécessité impérieuse de délimiter le champ
de l'accaparement, de savoir non pas quels sont les
matières et les objets sur lesquels il peut porter, — la
science risquerait de nous faire changer cette nomenclature tous les cent ans — mais de bien définir le
caractère commun que doivent avoir ces matières ou
objets pour donner lieu à l'accaparement.

Or, la Convention l'a dit, ces matières doivent être
de *première nécessité*. (Nous consacrerons un chapitre spécial à l'étude de cette expression et nous
démontrerons que ce sont les matières premières
qui nous semblent par excellence devoir être visées)·

*
* *

Ainsi donc, en vertu de tout ce qui précède, l'accaparement ne peut avoir lieu que si les trois conditions ci-dessus sont remplies, coalition, intention
de nuire et atteinte aux intérêts essentiels de la collectivité.

Si l'accaparement peut être défini un jour, il faudra se rapprocher, croyons-nous, de la formule suivante :

« **L'accaparement est une coalition fraudu-
« leuse, visant la production ou la limitation de
« production, la vente ou l'achat, de choses de
« première nécessité ».

III

L'Accaparement

est-il possible aujourd'hui ?

L'ACCAPAREMENT
EST-IL POSSIBLE AUJOURD'HUI ?

De bons esprits disent : à quoi bon sévir, l'accaarement dans nos temps modernes devient imposible et deviendra de plus en plus impossible à meure que l'échelle des moyens d'action mis en uvre par l'industrie croîtra.

Si la chose était démontrée, l'objection serait sérieuse et il n'y aurait pas lieu en effet de se préoccuber si vivement d'une solution à la question.

Un éminent économiste, Edmond **Théry**, a dit en ffet (1): « *En temps normal*, le télégraphe, les che « mins de fer, les bateaux à vapeur et la grande divi « sion des intérêts commerciaux, rendent aujourd'hui

____

(1) La *Grande Encyclopédie.*

« l'accaparement des denrées à peu près impossible.
« Prenons un exemple : supposons qu'un ou plusieurs
« spéculateurs en grains veuillent accaparer les blés
« d'une région pour en majorer les prix et gagner à
« la hausse. Le télégraphe annonce immédiatement
« la surélévation du prix et le jour même, d'autres
« spéculateurs — pour bénéficier de la différence
« créée entre les cours de la région accaparée et la
« moyenne des autres marchés — donneront égale-
« ment par le télégraphe, des ordres de vente qui
« ramèneront forcément les cours aux prix généraux
« moyens. Le chemin de fer fera la livraison des
« blés vendus en quelques jours et les accapareurs
« resteront avec leurs blés pour compte ou seront
« obligés de les vendre aux cours ordinaires.

« Au point de vue industriel, l'accaparement des
« charbons de terre — qui pouvait se faire lorsque
« les mines étaient dans un petit nombre de mains
« et les voies de communication peu faciles — est
« rendu impossible pour les mêmes raisons. Que les
« Sociétés houillères du Pas-de-Calais et du Nord se
« syndiquent pour faire monter le prix du charbon et
« demain, il partira de Cardiff ou de Newcastle, des
« bassins houillers belges ou allemands, des ba-
« teaux, des trains de charbons qui viendront
« renverser l'opération projetée. — Pour les mar-
« chandises, *l'accaparement* peut encore se pra-
« tiquer en s'emparant des moyens de production ;
« mais là encore, l'industrie étrangère peut arriver à
« quelques jours de distance au secours de la consom-

« mation et changer en pertes les bénéfices attendus
« par les accapareurs. — En matière de finances,
« depuis l'énorme développement pris par les transac-
« tions mobilières, l'accaparement des fonds publics
« est également une opération très aléatoire et à la
« merci des évènements. Un groupe ou syndicat de
« spéculateurs bien disciplinés peut, il est vrai,
« tenir dans ses mains, pendant un certain temps,
« les cours d'une valeur quelconque. Mais les valeurs
« mobilières ne sont pas — loin s'en faut — des
« objets de première nécessité et le vrai public reste
« toujours libre de ne pas acheter celles qui lui
« paraissent à un cours exagéré ; il s'en suit que les
« syndicats en sont souvent réduits a se liquider en
« déficit ; c'est ce qui est arrivé en janvier 1882 sur
« la place de Paris et de Lyon. »

**

Telle est la théorie séduisante d'un homme au jugement lucide et certainement très compétent.

Malheureusement les faits récents lui ont donné
tort.

Nous allons citer quelques exemples qui montre-
ront que l'éminent économiste s'est épris d'un idéal
qui est le nôtre, mais qu'il n'a tenu aucun compte des
réalités de l'heure présente.

Décrivons d'abord le plus caractérisé des acccapare-
ments, selon nous, celui qui porte non seulement sur

une matière première du sous-sol, mais sur une matière de première nécessité pour la collectivité, et en troisième lieu, qui est international, c'est-à-dire à la troisième puissance si l'on peut s'exprimer ainsi.

Il est bon aussi de mettre sous les yeux du public un véritable accaparement bien net et bien incontesté, pour qu'il ne se laisse plus aller à son imagination et puisse y comparer ceux dont on lui parle chez nous à chaque instant.

Eh bien, le *trust du pétrole* n'a que trente ans d'existence et il est le plus formidable instrument de domination du marché spécial qui ait encore été réalisé dans le monde. Mais ne formulons aucune appréciation ; des faits, des dates et le lecteur jugera.

Voici l'organisation de ce trust, d'après M. Paul de Rouziers (1) et les documents authentiques, acte constitution, etc.

*
* *

L'acte par lequel le *trust* a été établi est de 1882. Il nous fixe d'une manière nette sur la puissance de la combinaison et sur la prudence avisée de ceux qui la dirigent (2).

---

(1) Les industries monopolisées aux États-Unis 1898, A. Colin et Cie, éditeur.

(2) On trouve l'acte de constitution du *trust*, in-extenso, dans l'ouvrage de M. von Halle. Appendix I, *The Standard-oil Trust agreement*, p. 153 à 176.

sonnes : 1° Des Compagnies figurant en bloc : *All the stock holders and members of the following corporations and limited partnerships*, est-il dit au texte, c'est-à-dire, tous les actionnaires et membres des sociétés suivantes, et le contrat en énumère quatorze. Leur nombre peut d'ailleurs être augmenté dans la suite à la requête des directeurs du trust. Et l'on sait, qu'en fait, il l'a été.

2° En second lieu nous trouvons des personnes possédant individuellement des affaires de pétrole, ou bien gérant en toute indépendance un certain nombre d'affaires de ce genre.

Plusieurs en effet sont qualifiées de *trustees*, administrateurs, et ont déjà opéré en petit à leur profit l'absorption de plusieurs entreprises. Quelques-uns devaient avoir une importance considérable, car nous allons retrouver leurs noms parmi les neufs administrateurs (trustees) du grand Trust. C'est le cas pour Wm Rockefeller, O.-H. Payne, J.-A. Bostvick, H.-M. Flagler, W.-G. Warden, Chas. Pratt, Benj. Brewster, et Jno D. Archbold. C'est visiblement la catégorie qui fournira les grandes personnalités du *trust*, sauf la plus haute, John D. **Rockefeller**, dont le nom se dissimule dans la première catégorie, sous celui des Compagnies qu'il dirige déjà souverainement.

3° Viennent enfin, à titre individuel en apparence, un certain nombre d'actionnaires et de membres de différentes compagnies ; en réalité ces actionnaires se sont réunis en syndicat et possèdent la majorité dans leurs compagnies respectives, de telle façon que ces compagnies sont liées au trust presqu'aussi étroitement que celles du premier groupe. Souvent, c'est tout simplement un des trusts qui possède à lui seul la majorité des actions dans une ou plusieurs d'entr'elles.

Voici maintenant les dispositions essentielles du contrat :

« Toutes les parties ci-dessus dénommées abandon-« nent leur avoir entre les mains du trust en échange « de certificats (*Trust certificates*) représentant le « montant de leur valeur.

« Pour rendre plus souple la gestion des affaires du « ... our lui permettre de se plier plus aisément « ... xigences légales de chaque Etat, il sera formé « autant de compagnies que cela sera jugé nécessaire, « chacune portant le nom de *The Standard Oil Co*, « de tel ou tel Etat. Pour le présent on en formera de « suite quatre, une à New-York, une à New-Jersey, « une en Pensylvanie, une dans l'Ohio. Mais l'avoir de « ces différentes compagnies sera détenu par les *trus-« tees* du *Standard Oil Trust*, leur direction appar-« tiendra à ces *trustees*.[1] »

Ceux-ci, au nombre de neuf, sont remplaçables par tiers tous les trois ans et nommés par l'assemblée générale des porteurs de certificats.

Il ne se contentent pas d'administrer ; ils ont tous les pouvoirs nécessaires pour employer les fonds du

Trust à acheter d'autres exploitations de pétrole pour les absorber dans le Trust. (Art. 11 du titre II). Cette disposition ne devait pas rester lettre morte.

Quant au but poursuivi par le Trust, il est énoncé très sommairement : « Extraire, produire, manufacturer, raffiner, vendre et acheter le pétrole et ses produits, ainsi que toute chose employée dans les affaires de ce genre et faire toute opération s'y rapportant. Mais d'autres objets pourront être compris et d'autres pouvoirs donnés dans les différentes chartes (de chaque compagnie de *Standard Oil*), suivant que cela paraîtra expédient à chaque partie procurant la charte (1), de même que, si cela est nécessaire pour se conformer à la loi (de tel ou tel Etat) les pouvoirs ci-dessus pourront être restreints ou réduits (2) ».

Pas un mot concernant le monopole, la régularisation de la production, l'action sur les prix. Cela n'est pas utile à énoncer pour constituer le Trust, ni pour donner à ses administrateurs les pouvoirs

---

(1) Plus exactement contre un nombre correspondant de parts de certificats ; celles-ci sont de 100 dollars chacune (500 fr.) (art. 11 du titre III).

(2) Il s'agit ici de la charte d'incorporation qui correspond à ce que nous appellerions en France l'*acte de société*.
Voici le texte de l'art. 2 du titre II :

« The purposes and powers of said corporations shall be to mine for produce, manufacture, refine and deal, in petroleum and all its products and all the materials used in such business and transact other business collateral thereto. But, other purposes and powers shall be embraced in the several charters, or if necessary to comply with the law, the powers aforesaid may be restricted and reduced ».

tion peut être dangereuse : toute combinaison tendant à entraver la liberté du commerce, *in restraint of the trade*, est contraire à la *common law* ; la prudence est donc nécessaire ; les créateurs du *Trust* s'en rendent compte et gardent un sage silence. Pour avoir trop parlé, les *trustees* du *Sugar Trust* se sont trouvés un jour en butte aux poursuites de l'attorney général ; au contraire, ceux du *Standard Oil Trust* sont restés inattaquables par la *common law*.

Malgré les précautions de ses fondateurs, le *Trust* se trouvait cependant touché par les lois édictées contre les *Trusts*, loi fédérale de juillet 1890 (*United States Anti Trust Law*. (Nous donnerons dans un chapitre spécial la disposition de cette loi et d'autres).

De plus, dans l'Illinois, une loi spéciale de juin 1891 visait spécialement le *Trust* du pétrole et le pourchassait sans merci. Le syndicat n'hésita pas un instant et le 21 mars 1892, à la réunion générale des porteurs de certificats du *Standard Oil Trust*, la dissolution de cette association fut proposée et acceptée. Les certificats devaient disparaître en échange des actions des Sociétés qu'ils avaient remplacées en 1882. On va voir avec quelle souplesse on tourna toutes les lois générales et locales du pays, comme au début du reste on avait accompli une série de manœuvres frauduleuses avec les chemins de fer, manœuvres dont il aurait été trop long de parler ici.

Officiellement, le Trust n'existait plus. En fait,

l'unité a été plus forte que jamais depuis ce temps-là, car les 9 *trustees* s'étaient arrangés pour avoir la propriété personnelle de plus de la moitié du capital. Ils représentent actuellement à eux seuls la majorité des actionnaires dans chaque société et *les dirigent toutes comme si elles étaient une seule Société!* On raconte qu'en septembre 1893, à l'Assemblée générale qui suivit la proposition de dissolution, un actionnaire naïf demanda si désormais les différentes compagnies autrefois liées par le Trust se feraient concurrence les unes aux autres. Il lui fut répondu que cette question serait examinée plus tard (*left to the future*). Peu de gens, au surplus, partagèrent les illusions de cet actionnaire; ni les amis, ni les ennemis du *Trust* ne crurent à sa disparition. La transformation de 1892 marque au contraire pour lui un pas de plus dans la voie de la concentration.

Tout l'appareil législatif des *Anti Trust Laws* était venu échouer en somme contre la puissance d'hommes qui avaient fondé leur combinaison sur une connaissance exacte et profonde des considérations économiques de la production, du transport, de l'élaboration et de la vente du pétrole et qui avaient fait tourner, pendant la lutte, leur monopole à l'avantage du consommateur en diminuant de plus en plus leur prix de vente. La forme imaginée par eux — c'est John D. Rockefeller qui en eut le premier l'idée, — la fédération de diverses sociétés sous l'autorité de *trustees*, n'était pas essentielle à leur organisation; ils en imaginèrent et en réalisèrent peu à peu une autre dans laquelle la direction se centralisait chaque jour davantage, nous voulons parler de la concentration des moyens industriels.

**

L'organisation administrative était parfaite, l'organisation matérielle fut plus parfaite encore.

Qu'on en juge par l'état actuel des établissements de la *Standard Oil Cie*.

Actuellement, le transport du pétrole brut dans toute l'Amérique se fait presque exclusivement au moyen des *pipes lines*. Ce sont des canalisations en fer doux, qui relient les lieux de production, c'est-à-dire les champs de pétrole, aux raffineries établies soit sur la côte de l'Atlantique, soit au bord des grands lacs. Le *trust* détient toutes ces canalisations. Les raffineurs indépendants, modestes et en petit nombre, peuvent bien établir quelque courte *pipe line* entre leurs puits et leur raffinerie, mais les grandes lignes mettant en communication la Pensylvanie avec les ports maritimes de l'Est, l'Ohio avec les lacs, sont entre les mains du *trust*. Deux de ces lignes aboutissent à New-York, une à Philadelphie, une à Baltimore; ce sont elles qui fournissent à la consommation de l'Amérique de l'Est et au commerce extérieur. Quatre autres atteignent Pittsburgh, Buffalo, Cleveland et Chicago; ce sont elles qui fournissent à la consommation plus spécialement américaine.

Ces *pipes lines* ont une grande longueur, 500, 600 kilomètres souvent chacune. On évalue la longueur des *pipes lines* à environ 5.600 kilomètres en totalité, d'une valeur de plus d'un demi-milliard. C'est dire qu'elles ont nécessité une mise de fonds colossale. On estime généralement que les *pipes lines*, telles qu'elles sont constituées, réalisent un bénéfice de 50 0/0 par rapport aux transports par voie ferrée.

Elles assurent donc un avantage de 50 pour 100 aux raffineurs qui peuvent seuls y recourir. Or, la *Standard Oil Co*, n'est pas transporteuse de pétrole pour le compte d'autrui; elle ne se sert plus de ses lignes aujourd'hui que pour *son* pétrole; elle peut ainsi exercer une pression sur les propriétaires de puits indépendants en leur posant ce dilemme : « Ou bien, vous me vendrez votre huile brute sur place, ou bien vous emploierez le chemin de fer et vous paierez 50 pour 100 plus cher que moi pour la conduire à une raffinerie. » Il est bien clair que le *trust* a pu ainsi monopoliser le commerce d'achat du pétrole brut en monopolisant son transport.

De la sorte elle exploite sans concurrence possible tous les champs de pétrole de la Pensylvanie que l'on estime à 350 milles carrés, soit 89.600 hectares.

Mais, non contente d'avoir accaparé l'achat du pétrole, les puits et les moyens de transport, la Standard Oil Co a continué son œuvre de concentration industrielle en construisant à une faible distance de

Chicago, sur le territoire de l'Etat d'Indiana, au bord du lac Michigan, une raffinerie cyclopéenne celle de Whiting qui couvre 128 hectares. Elle a été pourvue de tous les perfectionnements connus et sa situation sur les rives du lac, à portée de la capitale des chemins de fer, est exceptionnellement favorable au point de vue de la distribution des produits. Sur une des faces de cet immense terrain, un réseau de rails permet l'approche de wagons réservoirs qui viennent charger le pétrole raffiné et des autres wagons qui transportent les différents sous-produits à l'intérieur de l'usine ; tous les transports se font au moyen de pompes et de tuyaux.

On opère sur des masses immenses, on charge à la fois 22.000 barils ou 3.520 mètres cubes de pétrole brut et l'on fait trois charges par semaine **soit plus de dix mille mètres cubes ! hebdomadairement !**

Le pétrole est désulfuré, distillé, séparé des matières lourdes, de la gasoline légère et de la cire raffinée ou paraffine. C'est ainsi qu'un troisième monopole est constitué, celui de la fabrication.

Enfin. tous ces produits sont livrés au commerce au prix qu'a déterminé chaque matin, dit la légende, le chef de la Compagnie M. Rockfeller, avec un grand tact il faut le reconnaître. C'est donc un quatrième monopole, celui de la vente, qui vient s'ajouter aux trois autres.

*
* *

Ainsi, il est démontré, par un exemple topique, par une organisation vivante, plus puissante que les lois et opérant sous nos yeux, que lorsque un monopole a été constitué, il en entraîne forcément d'autres.

Le monopole des transports du pétrole a entraîné le monopole de l'achat des huiles qui ne pouvaient plus se transporter autrement que par les *pipes lines* du syndicat; le monopole de l'achat de l'huile a entraîné le monopole de la raffinerie et enfin ce dernier a constitué le dernier monopole, celui de la vente au monde entier, des produits fabriqués.

Voilà donc, une matière première intéressant la collectivité au plus haut point, qui est amenée depuis le puits d'extraction jusqu'au domicile du consommateur et cela sous ses formes industrielles les plus diverses, par les soins d'un monopole, unique, étroit, formidable, universel !

Y a-t-il oui ou non un accaparement? Il suffit de revenir à notre définition pour s'en convaincre. Les trois conditions que nous avons posées sont réalisées.

Il y a 1° *Coalition* par la concentration industrielle, pour la production, l'achat et la vente d'un produit.

2° *Manœuvres* pour arriver à tourner toutes les lois et supprimer la concurrence.

3° Opérations sur une *matière première de première nécessité*.

Nous demandons à M. Edmond Théry si ce n'est point là de l'accaparement dans les temps modernes ?

A dire la vérité, tout pâlit devant cette colossale organisation américaine et ces syndicats, groupant sur le continent quelques millions de francs qui apparaissent aux jugements un peu myopes, comme de monstrueux accaparements, ne sont plus que des enfantillages en comparaison des six milliards que représente la *Standard oil Co* !

Une réserve pourtant. Il est un syndicat en Europe dont la puissance égale presque celle du *trust* américain. Ce syndicat fait pour plus d'un demi-milliard d'affaires par an et il porte sur une matière première de première nécessité. On le connaît peu, car il est silencieusement conduit, mais on aura une idée de sa grandeur par ce seul fait qu'il a réalisé un *trust* qui a par trois fois échoué en Amérique même. C'est tout dire.

Voyons cela.

IV

Le plus grand Trust Européen

LE PLUS GRAND TRUST EUROPÉEN

Un écrivain spirituel a dit :

« L'Américain du Nord est en réalité du Midi ». En effet ses *trusts* formidables qu'il jette à la face du vieux monde pour l'ébaubir ont été imités sans bruit sans *bluff* par l'Europe et il existe aujourd'hui, sinon un *trust*, du moins un syndicat de vente qui laisse loin derrière lui la plupart des concentrations industrielles américaines.

Je veux parler du syndicat des houilles de la Westphalie.

Celui qui, il y a quinze ans seulement aurait affirmé que le jour n'était pas loin en Europe où, dans un bassin houiller immense, presque toutes les sociétés houillères se syndiqueraient et réuniraient dans une même main plus de cinquante millions de tonnes de houille à écouler annuellement, aurait certainement soulevé l'incrédulité universelle.

Tout arrive en économie politique.

La poussée vers la concentration industrielle est si puissante à notre époque, que le fait s'est réalisé de la façon la plus naturelle. Il s'est réalisé, alors que toutes les tentatives similaires échouaient de l'autre côté de l'Atlantique dans la patrie des accaparements industriels.

L'histoire vaut la peine d'être contée.

A l'entrée de l'hiver de 1896-97 le prix de la tonne d'anthracite (le charbon domestique des Etats-Unis) bondit et se trouva en quelques jours majoré de cinq francs par tonne.

Une hausse d'un dollar en une semaine est un fait inconnu en Europe. On apprit qu'il y avait eu un *trust* formé et que sans vergogne, pressant sur les prix, il rançonnait en grande hâte le consommateur.

Déjà une tentative avait eu lieu en 1872 et avait échoué par suite de la mauvaise foi des contractants lesquels violèrent la convention dès la première année.

En 1873, nouveau *trust*, nouvelle chûte pour la même cause. De même en 1885. Cette fois en 1896 **M. Mac Léod**, président du chemin de fer du Reading avait usé d'un stratagème nouveau. Pour défier les poursuites légales dont les *trusts* de l'anthracite avaient été parfois menacés, il imagina une base nouvelle pour édifier son opération. Il crut la voir dans un *trust* liant ensemble tous les transporteurs d'anthracite — chemins de fer et canaux — de manière à en former un syndicat d'acheteurs auquel les compagnies minières vendraient le charbon à forfait. De la sorte, dit M. Paul **de Rouziers** les transporteurs groupés, pouvaient éviter les surproductions en ralentissant leurs achats et les producteurs vendant à forfait à un prix arrêté d'avance étaient débarrassés du terrible souci des continuelles variations.

Maintenir fixe le prix d'achat et le prix de vente avec un gros écart, n'est-ce pas l'idéal ?

La puissance financière du *Reading Railroad* de M. Mac Léod fut insuffisante et l'opérateur fut écrasé, mis en liquidation dix-huit mois après.

*
* *

En réalité, il avait toujours semblé a tout esprit sensé qu'il était impossible de monopoliser un produit aussi encombrant, aussi bon marché, aussi répandu que la houille. Agir sur les masses immenses que représentent des millions de tonnes, sur une matière de première nécessité qui va chez tout le monde et dont l'élévation de prix subit peut mécontenter tous les citoyens à la fois en provoquant un mouvement d'hostilité populaire, — tout cela semblait indiquer que l'accaparement d'une denrée de bas prix et de première nécessité était devenu dans les temps modernes une impossibilité matérielle. La pour la houille, mais nous allons voir, chose curieuse, intervenir dans ce problème nouveau deux facteurs moraux qui vont rendre cette grande opération possible, et ces deux facteurs sont : la bonne foi et la discipline commerciales.

Ce qui avait rendu les *trusts* américains impossibles, c'était la duplicité des *trustees* violant leur parole et parjurant leur signature. C'était l'absence de cette haute autorité morale qu'acquiert nécessairement celui qui, dans une association honnête, représente l'intérêt général et impose aux individualités, au nom du contrat librement consenti, sa volonté souveraine.

Eh bien ! c'est à force de bonne foi et de bonne volonté, après maints échecs, que le syndicat des houilles de la Westphalie a réussi à mener à bien l'opération commerciale la plus gigantesque des temps modernes, opération qui porte sur un chiffre d'affaires qui atteindra sous peu un milliard de francs annuellement.

Etudions cela en prenant pour guide un remarquable travail de MM. E. Gruner et E. Fuster (1) et voyons par quels efforts de volonté et de persévérance on est arrivé au but en Allemagne.

---

(1) Aperçu historique sur les syndicats de vente du combustible dans le bassin rhenan Wesphalien.

* *

C'est en 1879 qu'a lieu le premier essai sérieux d'entente commerciale entre les exploitants rhénans Westphaliens. A cette époque, dans cet immense bassin, avec lequel seule l'Angleterre peut rivaliser, la surproduction et la baisse du prix de la houille rendent l'industrie houillère impossible. On s'entend d'abord pour limiter la production. Mais les organisateurs veulent grouper 90 0/0 de la production totale, c'est bien difficile. On ne signe que pour une année. On renouvelle quatre fois le contrat, mais l'influence sur les prix de vente n'est pas appréciable et en 1884 l'entente cesse.

Alors, la situation empire encore et en 1885 on s'accorde pour réduire de 5 0/0 la production de 1884. On réunit 92 0/0 de la production ! Cent sept exploitations adhèrent. On commence à fixer une pénalité sévère de deux marks par tonne pour le cas de surproduction d'un contractant. Cette convention dure dix-huit mois.

Néanmoins, l'effet de la discipline et de l'abnégation de certains des contractants n'est encore pas satisfaisant. Il y a toujours, comme en Amérique quelques fraudeurs et, au lieu d'une diminution de production de 5 0/0 on a une augmentation annuelle de 2 0/0 ! On recherche avec une bonne volonté inouie de nouvelles bases et on résout de se lier pour cinq ans. Malheureusement ce projet ne réunit que 72 0/0 de la production et il échoue encore.

On désespère. La caisse des mines (Berggewerkschaftkasse), institution semi-officielle, intervient (preuve que le gouvernement n'a jamais vu d'un mauvais œil les essais de concentration industrielle qui se produisent sans aucun mystère du reste au vu et au su de tous). Le texte des statuts que fait voter la Caisse des Mines et qui stipulent une amende de *15 0/0 de la valeur* de la houille pour celui qui se rend coupable de violer ses engagements, est homologué par le ministère lui-même le 1er mars 1887.

L'État on le voit — chose des plus curieuses — contribue par son intervention indirecte à la formation finale du Syndicat des houilles de la Westphalie. Il aurait mauvaise grâce aujourd'hui à ne pas s'en souvenir.

A partir du 1er avril 1887, les décisions de l'Assemblée générale relatives à la réglementation de la production sont applicables pour toute la Westphalie. Mais la production de 1887 est au contraire en augmentation sensible sur 1886 L'échec officiel paraît complet.

Il ne faut plus songer à des conventions de limitation de production et dès le mois de juillet 1886 le Comité des houillères de Westphalie étudie un projet de *Syndicat commercial en vue de la vente en commun de la totalité de la production.*

***

On le voit, peu à peu les mystérieuses poussées qu dans le domaine économique conduisent les hommes à telles ou telles fins, agissent lentement.

C'est du reste toujours le même « processus ». Comme point de départ, apparait une nécessité économique inéluctable (diminuer la production de la houille dans le cas présent) une question de vie ou de mort. C'est une sorte de *loi de salut public économique* qui s'ébauche ! Puis, les hommes s'agitent autour de cette nécessité économique, ils procèdent à des essais, ils tentent d'abord une association basée sur la bonne foi exclusive, sur la parole d'honneur du contractant. Cela n'est pas suffisant (hélas !), l'œuvre échoue, mais alors la situation économique restant la même, inexorable, l'homme cherche encore et il conçoit l'idée de chercherauprès de l'Etat, une sauvegarde, un frein, une discipline, que la simple volonté humaine est impuissante à maintenir. On échoue encore. Enfin, peu à peu, pour ainsi dire automatiquement, on arrive à une conception basée non plus sur l'honneur, non plus sur la crainte de l'Etat mais « *sur l'intérêt de chacun coïncidant avec l'intérêt de tous*, et nous allons voir cette conception réussir, par la simple juxtaposition d'une nécessité économique et d'une idée de justice et d'égalité.

Il y a là un point de vue philosophique à méditer. Nous ne faisons que l'indiquer.

Le système des comptoirs va naître de la sorte en Europe.

* *

Pendant que les comités d'études discutent en Westphalie, des ententes partielles se concluent entre les producteurs de certaines catégories de combustibles. Ces ententes sont plus faciles puisqu'elles sont constituées entre un nombre moindre de mines. Le Syndicat des cokes fonctionne déjà fort bien (nous donnerons en annexe ses statuts) et après quelques vicissitudes il forme une association puissante qui donne l'exemple de la force et de la discipline.

Un syndicat pour *la vente des charbons pour briqueteries et fours à chaux* se forme également.

Un syndicat pour la vente des *charbons fins et menus criblés* a aussi du succès.

Enfin, en 1890 on commence à voir fonctionner des syndicats régionaux de vente des houilles. Le *Syndical de Dortmund* se distingue parmi tous les autres, parce que les mines de cette région toutes associées pour les houilles grasses et les cokes, ont déjà ressenti les bienfaits syndicataires. C'est de Dortmund que part en effet le mouvement définitif; c'est cette association qui sert de type à toutes les autres et l'un de ses deux directeurs, M. **Unckel**, sera plus tard le directeur du syndicat général des ventes.

Le syndicat de Dortmund groupe déjà une production annuelle de 3 millions de tonnes. Puis un syndicat de Bochum, un syndicat d'Essen, un syndicat de Steele Mulheim, un syndicat de briquettes fortifient chaque jour l'idée. Les petites cristallisations partielles vont bientôt se rejoindre et se souder en un cristal géant.

L'idée du syndicat général de vente des houilles est dès lors assurée, une fédération est proposée et acceptée en principe. Le moment est solennel.

Mais laissons parler MM. **Gruner** et **Fuster**.

La Commission nommée par la Fédération, soumit son projet, le 30 juillet 1892, à l'Assemblée générale, M. KIRDORF, qui prenait nettement la tête de ce mouvement, expliqua qu'il s'agissait de statuer sur le principe de la constitution d'un syndicat général de vente, société par actions, complètement indépendante de toutes sociétés minières et qui achéterait, dans des conditions à déterminer, la totalité de la production, pour la vendre au mieux des intérêts de tous, à l'abri de toute concurrence dans le district même, et en tenant compte des conditions commerciales, partout où la concurrence se faisait sentir. Sur cette question de principe, l'accord fut unanime.

Mais lorsque le président expliqua que l'une des conditions essentielles de cet accord était la répartition de la production totale entre tous les associés, c'est-à-dire, la fixation à chacun d'un chiffre de participation qu'il ne pourrait pas dépasser, les difficultés surgirent. On demanda surtout comment il serait tenu compte de la capacité de production des nouveaux puits, au fur et à mesure de l'achèvement des travaux préparatoires. Cette question, assez délicate pour faire hésiter les organisateurs de tout syndicat minier, ne pouvait naturellement être résolue séance tenante; l'Assemblée néanmoins, repoussa en bloc le projet Kirdorf, sans même vouloir le mettre à l'étude.

M. KIRDORF ne se tint pas pour battu. Il reprit la question des puits neufs.

En peu de jours on avait constaté qu'il n'y avait pas moins de 30 puits nouveaux réclamant leur part éventuelle à la production, et ces 30 puits devaient être des puits armés pour une production intensive; il était impossible de songer à forcer ainsi de six ou sept millions de tonnes la production prévue. Toutefois l'examen, de l'augmentation de la consommation, rapproché de l'augmentation de la production, à permis d'admettre que, sans risquer d'être débordé par une surproduction impossible à placer, on pouvait garantir, à tout puits nouveau, une place au syndicat, pour un tonnage maximum de 400 tonnes par jour. Cela revient, tout compte fait, à donner le droit aux exploitants d'augmenter leur production dans une proportion moindre que la consommation.

Cette dernière s'était accrue, pendant les 20 dernières années, en moyenne de 3.50 p. 0/0 par an; la production ne croîtrait donc que de 2 p. 0/0 ; on tenait ainsi compte de cette considération, admise également par les exploitants de Westphalie, que la consommation ne doit-pas continuer à progresser, dans l'avenir, dans les mêmes proportions que dans les dernières années.

Au début de l'année 1893, le projet semblait encore avoir peu de chances d'aboutir, parce que le bassin avait produit en 1892, année prise pour base, 37,295,130 tonnes dont 32,592 produites par les petites exploitations de moins de 10.000 tonnes, et 3,552,051 tonnes produites par les mines appartenant à des usines et 155,513 produites dans le district d'Osnabrück qui ne fait pas commercialement partie du bassin ; restaient 33,554,874 tonnes à grouper dans un seul syndicat. Or 5 mines réclamaient un chiffre de participation plus élevé que celui fixé par le projet ; elles produisaient 408,513 tonnes. 12 mines produisant 2,844,121 tonnes, émettaient d'autres prétentions inadmissibles. 10 mines produisant 587,513 tonnes refusaient de participer à l'opération. Enfin 7 mines appartenant à des armateurs et produisant 2.219.812 tonnes restaient naturellement en dehors de la combinaison. Ces 4 groupes de mécontents ou de dissidents produisaient donc ensemble 6,059,959 tonnes, soit 17,3 p. 0/0 de la production qu'on cherchait à grouper. Il ne fallait pas penser à constituer un syndicat viable sans le concours d'une partie au moins de ces dissidents, et l'on put croire jusqu'au dernier moment que l'assemblée générale convoquée pour la fin de janvier enterrerait définitivement le projet.

Pourtant en quelques jours la situation se modifia totalement, et le 28 janvier, 92 p. 0/0 de la production totale se rallièrent sans réserve au projet.

Une seule modification importante fut apportée au plan définitif : la durée du syndicat était fixée à 5 ans au lieu de dix.

Le 16 février, l'assemblée générale constitutive put être tenue, et, dans les délais fixés, c'est-à-dire le 20 à midi, la dernière mine hésitante avait adhéré. Le syndicat était enfin constitué. A partir du 1er mars 1893, et pour une durée minima de 5 ans, la vente de cette immense production était confiée aux directeurs du syndicat, dont les bureaux furent aussitôt établis à Essen.

Nous publierons le texte du contrat en annexe, on y verra que par une fiction nécessaire, le *contrat* est passé entre une société par actions et les exploitants, qui se trouvent en même temps composer la totalité des actionnaires, car ce syndicat ne se contente pas, comme les anciennes conventions de contrôler la production ; il achète les char-

Bons aux mines et les revend aux consommateurs, il est l'unique agent commercial de la région.

Dès le commencement de 1895, la direction du syndicat et le comité consultatif toujours présidé par M. **Kirdorf**, ont réclamé la prolongation du syndicat; cette prolongation et quelques *modifications au texte primitif du contrat* furent approuvées par actes notariés des 31 juillet, 20 septembre 1895. Le syndicat fonctionnera donc jusqu'à la fin de 1905 et l'accord pourra alors être renouvelé pour dix nouvelles années par tacite reconduction.

C'est ainsi qu'est né le plus grand syndicat non-seulement d'Europe, mais du monde, croyons-nous.

*
* *

Résumons-nous :

Ainsi, depuis 1879 jusqu'en 1893 cette idée d'un syndicat puissant, du fameux *Rheinisch-Westfalisches Kohlen-syndical* est en gestation.

Il a fallu quatorze années à l'esprit humain pour trouver la formule de cette convention type.

Et depuis sept ans le syndicat fonctionne, grandit et développe dans des proportions inouïes la production houillère allemande. Qu'on en juge :

En 1879, quand l'idée d'un groupement naît par suite de la surproduction, le bassin westphalien rhénan produit 22 millions 1/2 de tonnes de houille ; en 1893, année où le syndicat est définitivement formé, il en produit 38 millions et aujourd'hui il en produit plus de 50 millions !

Depuis l'origine des ententes on a donc plus que doublé la production annuelle. En 1896 la production a été augmentée de plus de 9 p. 0/0 d'un seul coup.

Nous pouvons donner le chiffre de la production officielle du syndicat qui vient d'être fixée comme suit pour l'année 1900 et pour les années précédentes :

	Tonnes
1900.	53.734.084
1899.	50.506.559
1898.	48.713.912
1897.	44.144.765
1896.	41.631.244
1895.	30.048.861
1894.	35.533.433

Toute l'histoire du syndicat est là !

Le progrès de 1900 sur l'année écoulée est donc de 3,227,525 T. ou de 6-39 p. c., et si l'on se reporte à la fondation du syndicat, au 1er mars 1893, on voit que la production officielle était fixée à cette époque à 33,575,976 T., de sorte que le progrès n'est pas de moins de 20,158,108 T. ou de 60,04 p. c. depuis cette date jusqu'au 1er janvier 1900,

Qu'on jette enfin un coup d'œil sur le tableau suivant des mines associées, on connaîtra leur nombre, leur importance et dans quelle proportion a grandi le chiffre de la répartition officielle depuis 1897. L'Amérique n'a rien qui approche de ce formidable groupement.

	1399	1898	1897	1896
	Tonnes	Tonnes	Tonnes	Tonnes
Alstaden	350.000	309.000	309.000	309.000
Altendorf	240.000	240.000	240.000	240.000
Aplerbecker Action Ve-rein	263.558	263.558	265.358	265.358
Arenbergsche Actien-Gesellschaft	1.450.000	1.233.916	1.233.916	1.233.916
Baaker Mulde	210.000	210.000	210.000	180.000
Ver. Bickefeld Tiefbau	155.000	155.000	155.000	155.000
Blankenbur	135.000	135.000	135.000	135.000
Bochumer Bergwerks-Act.-Ges. -	315.000	315.000	315.000	815.000
Bommerbanker Tietbau	175.000	175.000	150.000	150.000
Bonifacius (Gesebkir-chen	—	560.000	460.000	460.000
Borussia	194.760	191.760	196.760	194.760
Caroline	130.000	120.000	120.000	120.000
Carolinenglück	300.000	300.000	300.000	261.216
Centrum	875.524	875.524	875.524	758.301
Charlotte	120.000	120.000	120.000	120.000
Concordia	953.097	953.097	953.097	957.097
Consolidation	1.500.578	1.380.578	1.260.578	1.160.278
Constantin der Grosse	764.504	689.504	614.504	604.504
Courl (Harpen)	—	352.672	355.672	355.672
Crone	204.000	204.000	204.000	204.000
Dahlbusch	970.005	970.005	970.005	970.005
Danlhauser Tiefbau	150.000	120.000	120.000	104.596
Dannenbaum	847.741	847.741	847.741	847.741
Deutschland	130.500	130.500	130.500	130.500
Dorsteld	600.000	550.000	500.000	400.000
Eiberg	300.000	245.000	219.740	203.196
Eintracht Tiefbau	500.000	450.009	450.000	450.000
Ewald	762.988	762.088	762.988	582.988
Freie Vogel und Un-verhofft	180.000	180.000	150.000	120.000
Friedrich der Grosse	588.977	588.977	588.977	588.977
Frohliche Morgensonne	431.264	431.264	431.264	431.264
Gelsenk. m. Bonifacius u. Westhausen	5.389.213	4.514.213	3.934.213	3.484.213
General	158.806	158.805	158.805	158.806
General Blumenthal	796.500	696.500	776.500	456.500
Glückswinkelburg	100.000	60.000	60.000	30.000
Gottessegen	180.000	153.408	153.408	123.408
Graf Bismarck	1.279.688	1.179.688	1.109.688	979.688
Graf Moltke (Nordstern)	—	541.650	641.650	541.650
Graf Schwerin et Loth-ringen	888.400	888.400	888.400	771.009
Hagenbeck (Mülheim Bergw.-V.)	—	—	364.026	244.916
Hamburhund ⎫	704.392	473.504	473.504	473.504
Franziska ⎬ Verkaufsverein		110.888	110.888	110.888
Ringeltaube ⎪		120.000	120.000	120.000
Wallfisch ⎭				
Hannibal	377.102	347.102	347.102	347.102

Harpener Bergb.-Act.-Ges. et Courl . . .	5.322.910	4.787.238	4.707.238	4.199.694
Heinrich	150.000	120.000	120.000	120.000
Helene und Amalie . .	800.000	800.000	743.063	686.125
Hercules	315.000	300.000	300.000	300.000
Herzkamp. Mulde (Stock u. Schrerenb.) . . .	—	90.000	90.000	90.000
Hibernia	3.250.000	3.127.958	2.259.195	2.139.195
Ver. Hoff. u. Secr. Aak (Krupp verk.) . . .	—	—	—	117.430
Holland (Nordstern). .	—	—	—	510.000
Humboldt (Mülh. Bergw-V.).	—	—	180.000	142.500
Johann Deimelsberg .	240.000	240.000	240.000	240.000
Julius Philipp. . . .	302.702	302.702	302.702	302.702
Kaiser Friedrich. . .	240.000	249.000	240.000	240.000
Kolner Bergwerks-Verein	904.438	784.438	724.438	664.438
Konig Ludwig . . .	592.000	592.000	592.000	592.000
Konig Wilhelm . . .	1.040.000	920.000	920.000	800.000
Konigin Elisabeth . .	660.000	600.000	540.000	480.000
Konigsborn	644.776	544.776	644.776	544.776
Louise Tiefb. m. Bruchstr. (Verkaufsverein)	503.089	503.089	503.089	503.089
Ludwig. (Verkaufsverein)	125.463	125.463	125.463	125.463
Ludwig	195.000	173.637	173.637	173.637
Magdeburger Bergw.-A.-V.	510.000	480.000	480.000	432.977
Friedrich Ernestine. .	240.000	161.000	161.000	161.000
Graf Beus	434.971	434.971	434.971	317.511
Mathias Stinnes . . .	600.000	508.151	503.151	383.151
Victoria Mathias. . .	253.308	253.300	253.308	253.308
Ver. Stock et Scherenb. m. Herk Mule . . .	165.000	75.000	75.000	53.550
Ver Trappe	150.000	150.000	150.000	135.000
Tremonia	294.981	294.981	294.981	294.981
Unser Fritz	650.000	650.000	600.000	525.000
Victor	650.000	650.688	500.688	500.688
Victoria.	120.000	120.000	120.000	120.000
Ver. Westfallamit Kaiserstuhl	758.000	750.000	638.000	638.000
Ver. Wiesche (Mülh. Bergw.-V.). . . .	—	—	195.000	195.000
Zollverein	1.755.507	1.755.507	1.635.507	1.515.507
Mülhelmer Bergwerks-Verein	945.000	814.926	—	—
Boland	270.000	230.000	200.000	—
Westhausen (Gelsenkircher)	—	—	200.000	—
Totaux. . . T.	53.734.084	50.506.559	48.713.912	44.144.765

***

La question des prix est encore plus importante.

Ils n'ont augmenté, depuis 1893, c'est-à-dire, depuis l'entrée en activité du syndicat jusqu'en 1898 avant la hausse actuelle, que dans la proportion suivante :

	marcks
Charbons flambants .	0^m99
Charbons gras . . .	1^m56
Charbons maigres . .	1^m28
Charbons à gaz . . .	1^m38

Ainsi la production, sous l'effort des syndicats a augmenté de cent pour cent depuis 1879 et les prix n'ont monté en moyenne que de 10 0/0. Voilà ce qu'on pourrait appeler le résultat normal.

Quant au résultat anormal, durant la crise que nous traversons en ce moment, il est encore bien plus remarquable et montre ce que peut la puissance du groupement syndicataire.

Les prix du syndicat westphalien rhénan *sont en moyenne, les plus bas de toute l'Europe. L'Allemagne est seule approvisionnée en combustible à l'heure actuelle. Elle continue à alimenter à des prix exceptionnels* (qui ne sont consentis à ce taux à personne autre) *l'industrie métallurgique française de l'Est qui, sans elle, nous devons faire ce pénible aveu, pour rendre hommage à la vérité, serait en plein désarroi.*

*
* *

Voilà les résultats obtenus, voilà les services rendus par ce syndicat où un peu de l'esprit militariste de l'Allemagne a pénétré. Voilà les grandes lignes de cette organisation puissante qui va encore, pendant cinq années au moins, faire la démonstration de son utilité dans le monde industriel.

Il faut le reconnaître, c'est le Comptoir français des fontes de Longwy, créé en 1876, qui a ouvert la voie des grandes ententes commerciales en Europe. Le syndicat westphalien rhénan, a suivi, dans un domaine différent, en élargissant le champ de cette expérience économique, la plus intéressante de notre époque industrielle.

Et maintenant que nous avons étudié le syndicat, la question se pose au point de vue du sujet que nous traitons, de savoir s'il constitue, oui ou non, selon notre définition, un accaparement de matière première. de première nécessité.

C'est ce que nous allons examiner.

V

La Concentration industrielle

constitue-t-elle un délit ?

V

LA CONCENTRATION INDUSTRIELLE
CONSTITUE-T-ELLE UN DÉLIT ?

Si nous reprenons la définition que nous avons donnée de l'accaparement et que nous l'appliquions au syndicat de ventes de la Westphalie, nous voyons tout d'abord que la première condition de l'accaparement est remplie. Il y a coalition évidente, concentration industrielle gigantesque, c'est du reste la plus puissante et la plus nombreuse qui existe, puisqu'elle comprend environ quatre-vingt-deux sociétés adhérentes et réunit la presque totalité des mines de tout un immense bassin houiller, soit plus de 92 0/0 de la production. On peut donc dire qu'il y a accaparement de la dite production.

Du reste le contrat qui lie le syndicat des houilles et chacun des charbonnages adhérents ainsi que ces derniers personnellement, ne laisse aucun doute. Il y est dit :

« Entre le syndicat des houilles Rhénan Westpha-
« lien, d'une part, et les mines soussignées, d'autre
« part, a été passé par devant notaire en date du 16-
« 29 février 1893 un contrat ayant pour but de **sup-**
« **primer à l'avenir la concurrence déraisonnable**
« sur le marché des houilles et d'*établir des con-*
« *ventions rationnelles entre les propriétaires de*
« *mines et associations de vente, au sujet de la*
« *répartition normale de l'ensemble des ventes,*
« *ainsi que des prix et conditions de livraison* ».

Cela est absolument formel et tomberait avec la
dernière évidence (si les autres conditions d'accaparement étaient remplies, sous le coup de notre
article 419 (qui existe aussi du reste en Westphalie
où le Code Napoléon est appliqué).

Il est clair que le syndicat peut opérer de la
sorte, selon les termes du dit article, « la hausse ou
« la baisse du prix des denrées ou marchandises au-
« dessus ou au-dessous du prix qu'aurait déterminé
« la libre concurrence ».

Il est bien certain que la dite concurrence n'existe
plus, puisque chacun est venu remettre pour ainsi
dire sa liberté commerciale entre les mains du syndicat.

En vain, dans le second contrat qui fut rédigé
quelques années après celui de 1893, supprima-t-on
le passage ci-dessus que nous avons mis en itali-
ques et dans lequel il était fait mention de conventions préalables *au sujet de la répartition normale*

de l'ensemble des ventes ainsi que des prix et conditions de livraison.

Ce paragraphe qui paraissait trop compromettant puisqu'il indiquait que la question de la répartition de la production, des prix et conditions de livraison étaient remise entre les mains du syndicat souverain, n'en subsiste pas moins dans l'esprit même de toute l'organisation. Il est presque puéril d'essayer de le cacher.

L'article 1 du paragraphe 1 de la vente en commun est du reste ainsi conçu :

« Les propriétaires de charbonnages soussignés « *vendent* (texte primitif) *cèdent le droit de vente* « *de* (texte modifié) leur production en houilles, cokes « et briquettes au syndicat des houilles rhénan « Westphalien qui contracte de son coté l'obligation « de leur prendre et de revendre la totalité de leur « production ».

Enfin les chapitres relatifs à la « fixation de la « part revenant à chaque charbonnage dans la vente « totale et réglementation de l'extraction ou produc- « tion, ainsi que le chapitre de la fixation des prix et « conditions de livraison, ne laissent aucun doute. (On trouvera ces textes en annexe).

Cela crève les yeux : il y a coalition, coalition étroite, complète même, comme elle n'existe pas dans la plupart des syndicats français et étrangers, où il y a toujours des dissidents importants. (Seul, le syndicat des cokes de Belgique présente une unanimité aussi complète que celui des houilles de West-phalie et des pétroles d'Amérique.)

A notre avis, il faut envisager le problème en face, et ne pas se refugier dans des petites chinoiseries de rédaction de contrat, pour fuir les conséquences d'une loi qui n'est pas encore faite.

Oui ou non, la coalition industrielle, étroite, com-plète, je le répète, est-elle permise à notre époque?

*
* *

C'est là une question nouvelle qui se pose et qu'il faut résoudre loyalement et au grand jour, une fois pour toutes.

Et d'abord, doit-on s'opposer à la concentration industrielle?

A notre avis, il est trop tard si tant est, comme je l'ai dit précédemment, qu'on puisse s'opposer efficacement à une poussée économique aussi vive.

Ce qui se passe actuellement n'est en effet que la continuation du mouvement de concentration qu'a provoqué la machine à vapeur d'abord et ce qu'on a appelé le *machinisme* ensuite.

Du jour où une machine à vapeur de 500 chevaux a été reconnue plus économique que dix machines à vapeur de cinquante chevaux chacune, l'usine centra-lisée a pris naissance, supprimant peu à peu les dix usines élémentaires.

Ce que j'appellerai « le mouvement vers le prix de revient minimum de l'objet fabriqué » a été créé par le machinisme; ce mouvement ne s'arrêtera pas là.

Au fond, c'est la consommation générale, c'est le

genre humain, qui veut jouir de tout et à bon marché.

On n'entrave pas la volonté du genre humain, et dégagée de toute considération accessoire, nous avons affaire en l'espèce, sans qu'on s'en doute, à une de ces lois de suffrage universel, lois du nombre, auxquelles rien ne résiste plus.

Donc la science, la technique, ont fait en industrie un effort immense dans le XIXe siècle, et du côté « machine », sauf les découvertes géniales nouvelles, il n'y a plus grand chose à attendre, qu'un perfectionnement de détail indéfini.

Du côté commercial, au contraire, le même mouvement commence seulement.

La grande machine, non plus à vapeur, mais commerciale unique, est reconnue moins chère que dix petites machines commerciales élémentaires. En un mot le syndicat est reconnu plus avantageux que la petite société isolée, au point de vue économique, et commercial.

C'est l'éternel axiome. « L'union fait la force » ou mieux la question de réduction des frais généraux par la centralisation et l'on est stupéfait parfois de voir discuter à perte de vue sur des causes mystérieuses qui en réalité sont des plus naturelles et des plus connues.

Il n'y a qu'un fait à constater, c'est que le progrès scientifique a précédé (provoqué même) le progrès économique. Le machinisme a précédé le *trust* commercial, voilà tout.

Ce serait donc s'insurger contre le progrès économique lui-même que de combattre la forme qu'il revêt actuellement.

Il ne faut même pas l'accepter comme à regret il faut au contraire lui faire bon accueil, lui laisser prendre tout son développement et cela rapidement. En effet, en Europe, la nation qui, la première a compris la puissance des associations commerciales, c'est l'Allemagne et l'un des hommes qui ont étudié le plus impartialement les mouvements économiques actuels, nous disait que l'une des causes principales de la prospérité industrielle de l'Allemagne résidait précisément dans les *cartels et syndicats* connus ou inconnus qui sont légion outre Rhin.

L'Amérique qui devient subitement exportatrice, d'importatrice et de protectionniste qu'elle était, le doit certainement aussi à la puissance de ses associations commerciales poussées jusqu'aux plus frauduleux excès du reste.

Ainsi donc, toujours, comme conclusion, nous dirons: liberté d'association, liberté pour les syndicats de producteurs, de vendeurs, d'acheteurs, syndicats qui s'équilibreront, se contrebalanceront, se concurrenceront, certainement si l'on laisse faire le génie humain.

Non, la *coalition*, même comme l'a comprise le syndicat Westphalien rhénan des houilles ne saurait être condamnable.

***

Mais la seconde condition d'un accaparement se trouve également remplie par ce syndicat.

Il agit sur une *matière première de première nécessité*, indispensable à la collectivité, indispensable à l'industrie, à la Défense nationale et à tous les citoyens individuellement. La situation s'aggrave, de ce fait.

La loi française est formelle à cet égard. C'est bien là l'accaparement minier, car quoique tous les adhérents westphaliens n'aient pas aliéné la propriété même de leurs mines, ils n'en ont pas moins remis entre les mains d'un syndicat tous les produits qui peuvent en provenir et le contrat toujours renouvelé équivaut certainement à la cession déguisée de la propriété minière, concédée par l'Etat en vertu du droit régalien.

L'opinion de MM. Grüner, Lefébure de Fourcy, Dupont, inspecteurs généraux des mines, ne saurait être douteuse dans le cas présent et ils appliqueraient leur article 31 modifié, avec l'article 419.

En France, un pareil contrat rencontrerait dans le décret de 1852, un adversaire résolu. Il suffirait, du reste, de se figurer par la pensée l'état des esprits chez nous si, à l'époque actuelle, durant la disette de houille que nous traversons, un syndicat avait, comme celui de Westphalie, réuni dans une seule main, toutes les houilles des Mines du Nord et du Pas-de-Calais, par exemple.

Serait-il possible de soustraire ce syndicat aux attaques qui viendraient l'assaillir de tous les côtés, à la Chambre, dans les usines lésées, sur tous les marchés insuffisamment approvisionnés et jusque chez le moindre citoyen des villes réclamant son chauffage! Ce serait partout dans le pays une clameur d'accaparement et le gouvernement serait certainement obligé de céder sous la pression de l'opinion publique.

Mais en dehors de cette disposition d'esprit qui est particulière au peuple français, il y a une question de principe qui est en jeu : Les matières premières du sol ne doivent pas être accaparées, nous l'avons démontré. Il n'y a pas de doute ainsi que la deuxième condition de l'accaparement tel que nous l'avons définie n'existe pour le syndicat de Westphalie.

*
* *

Reste la dernière condition. Y a-t-il intention de nuire, manœuvres frauduleuses?

On peut répondre hautement : Non.

Tout s'est passé, dans la constitution du syndicat, ainsi que nous l'avons raconté, au grand jour, avec la plus entière bonne foi. Les épreuves n'ont pas manqué à tous les promoteurs. Le gouvernement lui-même a encouragé l'association, l'a aidée à se fédérer, il l'a défendue maintes fois.

Certains économistes et hommes politiques ont eu beau, en effet, dénoncer ces « tentatives d'accaparement » l'Etat prussien, qui exerce lui-même un monopole de fait à Saarbrücken, n'a pas hésité à *reconnaître officiellement l'existence du syndicat des houilles en traitant* directement *avec lui pour la fourniture des combustibles aux chemins de fer fiscaux.* Nous pourrions citer les traités passés entre l'Etat et le syndicat, traités qui donnent le ton au marché houiller. Et, comme le Gouvernement ne s'est pas refusé à payer ses charbons plus cher, depuis que les prix sont en hausse, il a presque chaque année, au cours de la discussion du budget, l'occasion de défendre la politique du syndicat. Dès le mois de mars 1893, c'est à-dire à la nouvelle de la constitution définitive du syndicat, le Ministre des Chemins de fer allait jusqu'à prononcer ces paroles :

« La pensés inspiratrice de cette constitution a été une pensée de modération ; on a eu pour but de combattre les hausses excessives des prix, comme aussi leur avilissement fâcheux, on vise à réaliser une certaine stabilité des prix et des salaires, et à assurer ainsi une existence plus sûre à une population d'un million de personnes. Personne jusqu'ici, n'a indiqué un autre moyen, pour atteindre un pareil résultat que de réaliser l'union des exploitants dans le double but de régler simultanément et les prix et la production. »

« Le plus grand producteur et le plus grand consommateur ont à tenir compte l'un de l'autre, déclarait encore M. Thielen en mars 1806. »

Ainsi, nous l'avons établi, l'œuvre actuelle du syndicat des houilles westphaliennes est bienfaisante pour la collectivité. Le charbon est moins cher en Allemagne qu'en Angleterre et l'association fonctionne comme un gigantesque régulateur européen du prix et de la production des houilles.

Donc, la troisième condition nécessaire pour constituer l'accaparement, manque formellement *pour le moment*.

**

Nous disons *pour le moment* avec intention, car c'est là le côté faible du syndicat westphalien. Il est régi actuellement par des hommes intègres, épris d'un idéal économique, manœuvrant admirablement pour conserver leurs clients naturels et visant plus loin que la crise actuelle. Mais il ne faut pas oublier que ces hommes... sont des hommes, qu'ils ont entre leurs mains un pouvoir absolu, arbitraire et que s'il leur plaisait demain de rançonner la consommation, aucune force humaine ne pourrait les en empêcher. L'industrie toute entière d'un pays est donc entre leurs mains, que dis-je l'industrie, mais les chemins de fer, la navigation, la Défense nationale, tout ce qui est force vitale d'une nation moderne dépend d'eux, parce qu'ils opèrent sur le charbon qui est l'énergie par excellence mise au service de tous.

C'est là qu'est le danger.

Nous le disons donc nettement :

Le syndicat de la Ruhr a tous les caractères d'un accaparement quoique sa bonne foi et sa modération soient indiscutables.

Mais tout repose sur cette bonne foi et sur cette modération.

On jugera que cela est insuffisant au point de vue élevé et impersonnel auquel doit se placer la Société et le Législateur.

Il est donc nécessaire, on le voit, que la loi tienne suspendue au-dessus de pareilles puissances une arme pour frapper, qu'elle possède un frein pour agir au besoin, lorsque les individualités méconnaîtront « l'intérêt suprême du plus grand nombre.»

Voilà pourquoi le maintien d'une légistation répressive est nécessaire.

Voilà pourquoi l'on ne peut songer comme certains esprits l'ont préconisé. à abroger toutes les lois existantes visant l'accaparement. C'est le point très important que nous avons voulu établir en citant l'exemple du trust de pétroles et syndicat des houilles.

Il faut une loi, cela est évident.

Et nous dirons en concluant :

Oui, nous sommes en présence d'un beau et grand mouvement économique par la concentration commerciale et industrielle, il aura des résultats incalculables au XXe siècle, il est comme l'expression du développement rationnel du génie économique humain, donc, il faut le faciliter, mais la loi doit en prévoir les déviations et les excès toujours possibles.

VI

Où finit l'Accaparement ?

OU FINIT L'ACCAPAREMENT ?

Nous arrivons à un point décisif de cette étude.

Nous avons, après un historique de l'accaparement, défini ce délit au point de vue juridique et montré qu'il existe dans les temps modernes sous une forme nouvelle : la concentration industrielle. Nous avons accompagné notre démonstration de deux grands exemples pour ainsi dire classiques, le *trust* des Pétroles américain et le Syndicat westphalien-rhénan, de vente des houilles.

Soit ; l'accaparement existe, il est défini (ou tout au moins nous avons essayé de le définir) mais où s'arrête-t-il, quelles sont ses frontières ?

L'accaparement peut-il tout embrasser ? c'est-à-dire peut-il constituer un délit pour toutes les denrées ou objets quelconques dont l'homme fait usage ?

Le bon sens *à priori* indique que non.

Nous en donnerons du reste un exemple irréfutable quelques lignes plus bas.

Mais alors où finissent les accaparements punissables ou commencent les accaparements inoffensifs?

Il faut le savoir.

Etudions cela et procédons par élimination.

Un premier jalon, je l'ai dit, nous est fourni par
la définition de la Convention. Il faut pour qu'il y
ait accaparement qu'on ait affaire à une matière de
première nécessité.

Donc, d'un seul coup, tous les objets dits de luxe
ne pourront donner lieu à un accaparement com-
damnable. Nous en avons à l'heure actuelle un exemple frappant qu'il est utile de relater.

*
* *

Tout le monde sait que la Compagnie de la *de
Beers* a accaparé les diamants par une série d'ententes
et une limitation raisonnée de la production.

C'est un accaparement étroit, complet, car chose curieuse, les trois conditions que nous avons fixées sont
remplies pour le diamant : *coalition, manœuvres et
matière première du sol.* Mais on remarquera que
la collectivité n'est nullement lésée par l'accaparement du diamant : point capital, *cette matière première n'est pas de première nécessité.*

A peine un millier d'ouvriers à Amsterdam souffrent-ils de ce que la guerre du Transvaal et le siège de Kimberley ont arrêté la venue des diamants bruts. Les prix triplent en ce moment, ils vont décupler paraît-il. Il y a un *boom* du diamant en un mot, mais on ne parlera jamais de la *famine du diamant*. Aucune réclamation ne s'élève du reste dans la collectivité à ce sujet.

C'est une éclatante démonstration par le fait, de notre thèse.

On peut donc accaparer impunément le diaman', la soie, les marbres, les gemmes, tous les objets de prix et de luxe, la loi n'a ni à parler ni à sévir dans ce cas.

Voilà une première frontière de l'accaparement. Mais elle est vague, elle a le tort d'appeler immédiatement une autre question.

A quel moment une matière devient-elle de première nécessité ?

C'est, reconnaissons-le loyalement, reporter en somme la difficulté un peu plus loin.

Il faut autre chose.

Ne retenons donc de ce qui précède que ce point de droit, *c'est que la loi ne peut viser tous les objets ou toutes les denrées recherchées par l'homme civilisé.*

C'est déjà un principe qu'il était util e de poser,

Il y a mieux, croyons-nous.

Nous allons essayer de démontrer que l'**accapare-ment condamnable ne saurait exister pour au-cun objet fabriqué par l'industrie humaine**

Cela sera plus net, plus catégorique et si nous par-venions à faire cette démonstration, on ne se trou-verait plus en présence d'une limite de l'accapare-ment sujette à des interprétations élastiques — comme la difficulté de préciser les mots: *de première néces-sité, matière de luxe*, etc., l'indique surabondam-ment.

Nous prions donc le lecteur de nous suivre avec attention dans cette démonstration que nous croyons capitale.

Et d'abord, définissons ce qu'il faut entendre par « objet fabriqué ».

Là encore on peut nous dire que nous reportons la difficulté.

Où finit la matière première? Où commence la matière ouvrée?

Cette difficulté n'est qu'apparente, car nous som-mes là en présence d'une question technique.

Il est clair, pour prendre un exemple, que la farine qui est un produit du blé, pourrait être à la rigueur considérée comme un produit fabriqué, mais le sim-ple bon sens indique qu'il n'y a là qu'une prépara-tion, une présentation de la matière première, le blé. La transformation n'existe pas, c'est un simple changement d'état physique. Autre chose est le pain.

Le pain, c'est de la farine, plus de l'eau, plus du ferment, plus de la chaleur et cela pour former un produit nouveau d'aspect différent, de propriétés différentes. C'est réellement un objet fabriqué.

Un textile quelconque est dans le même cas; la laine nettoyée, préparée, filée même à la rigueur, est toujours de la laine, mais un tissu n'est plus une matière première c'est du travail mécanique, de la teinture, du foulage, etc.. etc. Voilà bien réellement alors un objet fabriqué.

Prenons encore la fonte par exemple, que beaucoup de bons esprits prétendent être « la matière première de l'industrie du fer. »

Comment fait-on la fonte ; on prend de l'oxyde de fer naturel—matière première—que l'on mélange à du charbon—matière première—dans des appareils spéciaux appelés hauts-fourneaux. Le tout est soumis à une température très élevée par le soufflage de l'air chaud. L'oxygène du minerai se combine au carbone et il reste un produit nouveau, la fonte, qui ne participe en rien des propriétés des deux matières premières le minerai et le charbon. Il n'y a pas là un simple changement d'état physique, il y a changement d'état moléculaire, **transformation.**

C'est la classique explication de la différence qu'il y a entre la physique et la chimie.

Nous dirons donc désormais qu'un objet fabriqué est.

1° Où de la matière première tranformée ;

2° Ou de la matière première combinée avec une autre matière première ou un ou plusieurs objets déjà fabriqués ;

On pourra, à l'aide de la définition que nous indiquons, reconnaître tout de suite si un produit peut être décoré du nom d'objet fabriqué ou non.

De la sorte aucune confusion ne sera possible, sauf dans des cas très limités.

Reprenons donc notre démonstration qu'il ne saurait y avoir accaparement délictueux pour les matières ouvrées.

****

Et d'abord, nous dirons que, dans les pays à régime douanier protégé, l'accaparement des objets fabriqués n'est pas beaucoup à craindre.

On a dit que le régime protectionniste avait été, en Amérique, la cause première de tous les accaparements. Cela est exact. Le *pool* n'a même été créé que pour faire monter exactement le prix d'une denrée au prix de cette même denrée à l'étranger, plus les droits de douane.

Mais, il n'y a pas, en même temps, de démonstration plus rigoureuse de l'efficacité que peuvent avoir les droits de douane en matière de répression d'accaparement.

En effet si le *pool* se crée à l'abri de la barrière douanière, il est par cela même détruit, si la barrière vient à s'abaisser et l'on avouera que rien n'est plus facile et plus prompt. On l'a vu l'année dernière, en France, pour les blés, dont on a abaissé momentanément les droits afin de faire entrer plus abondamment les blés étrangers.

Toute la métallurgie française, toute l'industrie de la fonte, de l'acier, des poutrelles, des fers marchands, des tôles, etc., vit à l'abri d'un droit qui est au minimum pour le moindre produit de 15 fr. la tonne.

Supposons un instant que tous les produits fabriqués de la métallurgie française soient accaparés, il suffirait au Parlement d'abolir les droits pour qu'immédiatement tous les produits étrangers vinssent en France concurrencer les nôtres et écraser les accapareurs.

Le droit de douane fonctionne donc — qu'on nous permette l'expression — comme une soupape de sûreté contre l'accaparement des produits fabriqués.

Les pays résolument protectionnistes jouissent ainsi d'une sorte d'immunité contre l'accaparement. Notre situation, à ce point de vue, est meilleure que celle de l'Angleterre. C'est là un des côtés plutôt piquants de cette étude.

Mais il est une autre considération, bien autrement topique, bien autrement élevée, que nous voudrions faire valoir auprès de nos lecteurs.

Une sauvegarde existe contre l'accaparement des produits fabriqués, c'est la Science, c'est le Génie humain.

Un exemple nous fera bien comprendre.

Tout le monde connaît l'histoire de Nicolas Leblanc.

L'Angleterre avait accaparé les sels de soude vers 1789. La France en était réduite aux cendres de varechs et de bois pour son industrie. Elle était absolument tributaire de l'étranger.

Trouver un procédé de fabrication de la soude par le sel marin, abondant sur toutes nos côtes, s'imposait impérieusement. Qu'advint-il ?

Ainsi que nous l'avons dit : « Comme point de « départ de tout progrès il apparaît d'abord une né- « cessité économique, une question de vie ou de « mort pour l'industrie. »

Et alors, on peut dire que la solution est proche, « qu'il surgira un évènement, une entente, une décou- « verte, un homme qui sauveront la collectivité du « danger qui la menace. »

Il fallait de la soude à la France pour sauver son industrie. A peine formulé, le problème est résolu et Nicolas Leblanc, avec du chlorure de sodium, de l'acide sulfurique et du calcaire, invente son admirable procédé, encore vivant de nos jours et luttant contre tous les perfectionnements depuis cent années.

Je le dis donc avec une foi sincère : Survienne un accaparement d'objets fabriqués, un renchérissement anormal, de n'importe quel produit, un danger quelconque bien caractérisé, pour les intérêts de la masse, soyons assurés que la solution scientifique ne se fera pas attendre.

Tous les cerveaux en activité, tous les laboratoires, aujourd'hui heureusement répandus, tous les intérêts alléchés par un bénéfice immédiat et certain, se mettront à l'œuvre et l'obstacle sera surmonté.

Ne voit-on pas du reste fonctionner automatiquement le même *processus* aussitôt qu'un produit fabriqué renchérit outre mesure? Qui ne se souvient de l'affaire des cuivres.

Nous avons été le confident des tortures du malheureux Denfert Rochereau avant que par la mort il n'y mit fin. (Nous en reparlerons dans un chapitre spécial.)

— Mais, s'écriait-il, exaspéré, d'où sort donc tout le cuivre, qu'indéfiniment on nous jette sur le marché à mesure que nous en achetons ?

— C'est, lui disais-je, que la prime est trop forte et que de toutes les arrières-boutiques des marchands de vieux métaux, de tous les magasins, le cuivre sort appelé par le bénéfice à réaliser. Et puis, les emplois se restreignent avec la cherté du métal, les succédanés se créent, l'aluminium deviendra redoutable pour le cuivre à haut prix : ceci tuera cela.

C'est une loi économique inéluctable.

Aussitôt qu'un objet fabriqué devient trop chèr, mille autres produits aspirent à le remplacer. Déjà contre certaines marchandises qui renchérissent comme le fer en ce moment, nous voyons revenir à la rescousse pour les constructions, le bois, et de nouveaux procédés, comme le béton armé, le ciment armé, étc.

Je vais plus loin, je pose en fait que n'importe quel objet fabriqué peut disparaître, il sera remplacé demain.

Car jamais l'humanité n'a été en si brillante posture au point de vue de l'invention scientifique.

On peut demander à la science ce que l'on ne lui a jamais demandé et, demain, l'aliment naturel viendrait à manquer à l'homme, que **Berthelot** nous donnerait l'aliment artificiel, l'aliment chimique. Tout est prêt pour cela. On n'attend que la nécessité économique.

* *

Je crois donc l'avoir démontré, les droits de douane, les intérêts surexcités par l'appât du gain, la science, avec ses mille ressources à peine évoquées, rendent impossible tout accaparement d'objet fabriqué — à moins cependant qu'il ne soit universel, international, immédiat. Nous examinerons ce cas qui vient de se produire pour l'acide borique.

Du côté des matières ouvrées, le legislateur peut donc être tranquille.

Il n'en est pas de même, nous l'avons vu, pour les matières premières naturelles, que la science ne peut improviser ni créer, qui ont été mises à la disposition de l'homme en quantités souvent limitées sur le globe et qu'il faut protéger contre les cupidités de quelques-uns.

Il ne nous reste plus qu'un cas à examiner, c'est celui d'un accaparement d'objets fabriqués, combiné avec l'accaparement d'une matière première. C'est le cas le plus grave, c'est celui du trust des aciers de MM. Carnegie et Rockfeller.

VII

L'Accaparement
à la deuxième puissance

(Matière première et Matière ouvrée)

———

VII

L'ACCAPAREMENT A LA DEUXIÈME PUISSANCE

(Matière première et matière ouvrée)

Je viens de démontrer que l'accaparement des objets fabriqués, ne saurait être délictueux.

Mais dans les accaparements punissables, il faut distinguer des différences, « ainsi que la vertu, le vice a ses degrés » a dit le poète.

Accaparer une matière première de première nécessité, — soit. — On peut rançonner les transformateurs, les producteurs d'objets fabriqués. En réalité, ces derniers sont tous égaux devant la hausse de la matière première et le consommateur seul est atteint.

Mais si le producteur de matières premières devient lui-même producteur d'objets fabriqués — et la tentation en est grande — s'il arrive par les avantages qu'il s'est ainsi constitué à lui-même, à supprimer totalement la concurrence sur les dits objets, alors on le voit, le détenteur du monopole se trouve seul en présence de la consommation livrée à lui pieds et poings liés.

C'est ce que j'appelle l'accaparement à la deuxième puissance.

Mais dira-t-on encore, cela est impossible, le fait a pu arriver pour le pétrole, matière très localisée et en réalité peu volumineuse et facile par cela même, à réunir dans une seule main, mais pour les grands produits de l'industrie humaine, pour le fer par exemple, répandu partout, produit en quantités immenses, la chose est matériellement irréalisable. Comment en effet, réunir sur une seule tête, toutes les mines, tous les outillages, toutes les usines, tous les hauts fourneaux. Jamais des intérêts aussi multiples, aussi complexes, aussi divergents ne se grouperont.

Hélas ! Il ne faut plus dire en matière économique, comme en toute autre du reste : C'est impossible.

Le fait vient de se réaliser, non plus, par la puissance de l'association d'une foule d'intéressés mettant loyalement et au grand jour, comme au syndicat westphalien, tous leurs intérêts dans une seule main, mais par la volonté pure et simple de deux hommes, de deux puissances, de deux grandes intelligences presque géniales. J'ai nommé **Carnegie** et **Rockfeller**.

Ils ont réalisé en Amérique, un accaparement réputé impossible, l'accaparement des aciers.

Et j'insisterai de suite sur ce fait, c'est que cet accaparement inouï que nous allons raconter, vérifie pleinement la thèse que nous venons de soutenir dans le chapitre précédent, à savoir, qu'il n'y a pas d'accaparement possible sur une matière ouvrée, car voilà quinze ans que le dit accaparement des aciers est tenté par M. **Carnegie** lui-même et sans succès, et ce n'est que du jour où il a rencontré M. **Rockfeller**, l'accapareur des minerais de fer du Lac supérieur, c'est-à-dire de la matière première, qu'immédiatement, d'un trait de plume de ces deux Rois industriels, le *trust* depuis longtemps rêvé, s'est fait sur les aciers, formidable et menaçant.

Sans l'intervention de la matière première, il n'y a donc pas d'accaparement pour le produit fabriqué, mais si elle intervient, je répète que cet accaparement est, qu'on me pardonne l'expression un peu mathématique, à la deuxième puissance.

Voici du reste comment les faits se sont passés tout récemment en Amérique

*
* *

C'est par un nombre infini de *pools* éphémères, que débute la *Carnegie-Rockfeller Combination*, ainsi qu'on l'appelle de l'autre côté de l'Atlantique.

Le point de départ véritable de ces *pools*, c'est l'*act*.du 14 juin 1870, qui frappe les rails d'acier de provenance étrangère, d'un droit d'entrée d'un cent 1/4 par livre, ce qui fait 137 fr. 50 par tonne! En 1883, il est vrai, ce droit tombe à 66 francs la tonne, et enfin l'*act*. du 27 août 1894, l'abaisse définitivement à 7/20 de cent par livre, soit 38 fr. 50 par tonne.

Mais enfin l'Amérique vit pendant 13 ans sous le régime prohibitif du droit de 137 fr. 50 par tonne. (Et l'on parle de nos droits métallurgiques en Europe!) A la faveur de ce droit, des batailles commerciales acharnées, se livrent sur le marché fermé de l'acier en Amérique et il en résulte peu à peu une diminution graduelle des champions dont la plupart mordent successivement la poussière.

Un seul grandit à chaque lutte, c'est M. Carnegie.

Il agrandit chaque année ses établissements sur les bords du Monongehela. A Homestead on voit grossir démesurément la plus grande usine de production de métal du monde entier. Comprenant que c'est dans le perfectionnement de l'outillage qu'est pour la métallurgie du fer et de l'acier le triomphe définitif par les grandes productions, Carnegie construit des bataillons rangés de hauts-fourneaux gigantesques dépassant en production journalière tous les hauts-fourneaux connus. Il résout tout par les problèmes mécaniques et—du trou de coulée du haut-fourneau au wagon de chargement des saumons de fonte — tout se fait par des moyens automatiques. La main-d'œuvre est à peu près supprimée et aujourd'hui les ingénieurs d'Europe vont à Homestead chercher le dernier cri de la métallurgie de l'acier dans le monde.

Pendant ce long travail technique, Carnegie entre dans les *pools*. Il devient même tellement prépondérant, aussi bien par la place qu'il a conquise que par la masse des capitaux dont il dispose, et l'immensité de ses ateliers, que ses associés ne lui résistent plus guère.

« Les fabriques rivales font tous leurs efforts pour
« conclure des *pools* avec lui », dit M. von Halle
« dans son consciencieux ouvrage et toutes les
« fois qu'un *pool* se dissout, ajoute-t-il, ils entrent
« de nouveau en négociation avec lui, bien que l'ex-
« périence leur ait appris que la coopération avec
« M. Carnegie ne tourne par toujours à leur avan-
« tage particulier. Il gouverne avec un pouvoir pres-
« que absolu ; à la fin de 1893 il brise un *pool*
« parce que l'un de ses membres a produit plus que
« la proportion fixée. Ensuite quelques semaines plus
« tard il fait une nouvelle combinaison avec six
« usines d'acier, réunissant ainsi sous sa direction
« *soixante cinq pour cent de la production totale*
« *des Etats-Unis !*

Cette combinaison n'est pas plus heureuse que les autres.

A ce jeu, le produit fabriqué au lieu d'augmenter de valeur passe successivement de 158 dollars la tonne de rails d'acier en 1868 à 112 dollars en 1872,

59 dollars en 1876, 31 dollars en 1884 (Hadley *Railroad transportation*).

A partir de 1884 l'abaissement continue à se produire et atteint 25 dollars. Enfin en 1896 le prix tombe à 17 dollars 85 francs la tonne !

Il faut donc insister sur ce point théorique spécial. *Malgré les droits de douane*, malgré les conditions merveilleuses de production de l'Amérique, malgré les capitaux immenses de Carnegie, malgré les outillages merveilleux, l'accaparement d'un produit fabriqué échoue lamentablement et finalement le marché est plus désorganisé que jamais.

C'est alors que ce que j'ai appelé la « nécessité économique » apparaît ! Un grand coup de théâtre se prépare.

*
* *

Au printemps de 1896 les producteurs d'acier Bessemer forment entr'eux une entente spéciale un *pool* gigantesque et le résultat de cette entente est de faire monter le prix de l'acier en barre (steel billet) de 17 doll. 50 à 20 doll. 25 sur le marché de Pittsburgh. Ce syndicat groupe 300 millions de dollars soit un milliard et demi de capital !

Mais dès le début de novembre on accuse ouvertement Carnegie et l'Illinois Steel Cº de trahir l'entente et la firme Bellaire Cº la dénonce formellement. Le 9, les usines syndiquées se réunissent à Pittsburgh pour parer à la crise imminente. Les prix artificiellement maintenus sont abandonnés. On recommence la lutte du bon marché avec les dissidents. C'est de nouveau le désastre. Le 22 décembre, M. Carnegie déclare avoir de l'éloignement à accepter certaines conditions (*a disinclination to agree to certain terms in a supposed new agreement*). Tout est rompu.

Le 8 février Carnegie fait prononcer la dissolution du *pool* des rails d'acier.

Le lendemain la tonne de rails tombe de 26 à 18 dollars à Chicago et de 25 à 15 dollars 1/4; à Pittsburgh, trois jours après, on cote 17 dollars à Chicago et 14 dollars 1/4 à Pittsburgh ! Carnegie baisse partout le taux de ses offres, le marché s'effondre, le rail est à 70 francs la tonne ! Tous les *pools* sont dissous, le marché américain apparait désemparé, désespéré, après trente ans de luttes contre la surproduction et la mauvaise foi incoercible des *poolers*.

C'est l'anarchie commerciale.

Le dictateur va venir.

** **

Ainsi, en Pensylvanie, Carnegie est le maître incontesté du combustible et de l'outillage.

Mais il n'a pas le minerai *à lui*, en abondance.

S'il a le minerai il devient le maître absolu du marché américain et peut-être pourra-t-il entamer la lutte avec l'Europe.

Il y a bien des minerais en quantités énormes et d'excellente qualité au Lac Supérieur, mais ils sont très éloignés et puis les usines de Chicago et de Cleveland, qui en sont plus près que lui, sont avantagées sous ce rapport (quoique l'avantage reste à M. Carnegie pour l'outillage et le coke, car il a construit d'immenses usines à coke à Connesville.) Comment détruire cette concurrence?

Un homme, un génie industriel un *conquistador* commercial, pour qui les scrupules ne sont jamais un obstacle, l'a compris, c'est M. **Rockfeller**, c'est lui qui apportera à Carnegie les minerais du Lac Supérieur!

Cela tient uu peu de la féerie et cela est pourtant.

Mais laissons parler M. Paul de **Rousiers**.

Depuis plusieurs années, John D. Rockefeller, embarrassé des immenses capitaux que ses fructueuses opérations sur le pétrole lui mettaient entre les mains, et se rendant compte que cette seule branche de l'industrie ne pouvait pas suffire à les employer, avait conçu le plan d'une vaste entreprise. La richesse exceptionnelle des minerais de fer au Lac Supérieur lui avait inspiré le dessein de s'en emparer, de les monopoliser comme il avait monopolisé le pétrole. Il acheta peu à peu les gisements très étendus connus sous le nom de *The Mesaba Range*, qui sont situés au nord de Duluth, non sans soulever de vives oppositions, dont quelques-unes l'exposèrent à des procès retentissants. Ici, comme dans la constitution du trust du pétrole, on l'accusait d'employer vis-à-vis de ces concurrents des méthodes d'écrasement peu délicates. Quoiqu'il en soit, il réussit à se rendre maître des gisements les plus riches et les plus faciles à exploiter, et tandis que les mines rivales ne pouvaient extraire le minerai qu'au moyen de puits profonds et coûteux, il enlevait à 100 pieds de profondeur seulement, avec des méthodes d'une grande simplicité, des couches entières de minerai atteignant parfois jusqu'à 92 pour 100 de pureté.

La concurrence de Rockefeller devint ainsi promptement désastreuse aux mines voisines. Lorsqu'elles succombaient dans la lutte, le vainqueur les reprenait à bas prix si elles lui paraissaient assez riches. Résistaient-elles trop longtemps, il leur appliquait le procédé de l'inderselling ; il vendait au-dessous du cours, les forçant ainsi à baisser leurs prix d'une manière ruineuse pour elles, jusqu'à ce que la faillite ou la soumission volontaire les eût mises à ses pieds. Lui pouvait sans difficulté, perdre pendant plusieurs mois, s'il le fallait, sur chaque tonne de minerai vendue. Il possédait la bourse la plus longue (*the longer purse*). Il savait que celle de ses concurrents serait épuisée avant la sienne.

L'expérience de la STANDARD OIL C°, avait appris à Rockfeller quelle était l'importance de la question des transports dans la vente des matières encombrantes. Il commença par acheter les chemins de fer assez courts qui mettaient ses différentes mines en communication avec les mines du lac Supérieur ; il créa des docks aux points de distribution les plus importants sur le pourtour des lacs, puis substitua aux modes de transports anciens une flotte d'énormes navires spécialement aménagés pour le minerai. Il ajoutait ainsi aux bénéfices résultant de l'exploitation minière ceux d'un armement fait à coup sûr, et étendait son pouvoir dominateur jusqu'aux grands centres industriels de Chicago et de Cleveland qu'il atteignait directement.

Chacune de ces entreprises était conduite d'ailleurs avec la même science des affaires et la même préoccupation d'éviter toute fausse dépense. Il est assez curieux de voir que le « grand capitaine d'industrie », qui sait compromettre hardiment un capital énorme, lorsqu'il le croit avantageux, emploie à l'occasion des ruses de détail, comme le ferait un petit commerçant.

On raconte que lorsque Rockefeller décida de construire sa flotte pour le transport du minerai, il eut recours à une de ces ruses. Il avait six navires à commander d'un seul coup aux constructeurs dont les chantiers se trouvent sur les rives des lacs. Par suite de l'isolement maritime de ces lacs, ces constructeurs se trouvent pourvus d'une sorte de monopole naturel ; aucun navire ne peut circuler sur les lacs qui ne sorte de chez eux ; Rockfeller se trouvait donc à leur merci, et sachant mieux que personne ce qu'il en coûte de tomber sous la puissance d'un monopole, il s'arrangea adroitement pour y échapper. Au lieu d'annoncer son intention de commander à la fois 6 grands vaisseaux, ce qui aurait appris de suite aux constructeurs des lacs qu'ils pouvaient lui faire la loi, il s'aboucha avec 6 des plus grandes maisons, leur soumit un plan de bâtiment, et leur demanda à quelles conditions elles pourraient l'exécuter. Chacune de ces maisons, se sachant en concurrence avec de puissants rivaux et désireuse d'obtenir une commande importante qui lui ferait honneur, envoya les propositions les plus avantageuses qu'elle crut pouvoir consentir. Lorsque Rockefeller eut reçu les 6 réponses, il fit écrire à chacune des 6 maisons qu'il acceptait son marché, et ses 6 vaisseaux se trouvèrent ainsi commandés au plus juste prix avant que les constructeurs aient pu savoir quelle bonne occasion ils perdaient de prendre avantage sur lui.

A la fin de 1896, la flotte de Rockfeller sur les lacs était en état de faire une concurrence ruineuse aux anciens bâtiments employés jusque là au transport du minerai. Le roi des Mines de fer pouvait désormais donner la main au roi de l'acier et affronter avec lui n'importe qu'elle coalition.

On peut donc croire que la dissolution du *pool* des minerais de fer ne coïncide pas par un simple effet du hasard avec celle des pools de l'acier en barres et des rails. On apprit en même temps et la baisse subite des rails et l'existence d'une combinaison entre MM.Carnegie et Rockefeller, et la vente des minerais de fer au-dessous maintenu jusque-là par l'Iron Ore Association. L'entreprise de M. Rockfeller, officiellement connue sous le nom de *The lake supérior consolidated*, faisait partie de cette association, véritable *pool* sur les minerais de fer, dans lequel elle jouait un rôle dominant analogue à celui de la compagnie Carnegie dans le pool des rails. Tant que sa prépondérance n'avait pas été suffisamment assurée, M. Rockefeller avait maintenu l'entente. Une fois sa flotte terminée, il ne garda plus de ménagements et la brisa.

Ainsi par une action parallèle habilement concertée au même moment, Rockefeller devient le maître du marché des minerais et Carnegie le maître du marché de l'acier. Ils se donnent la main et la plus formidable des coalitions est conclue, inattaquable, au dessus des lois, mais plus menaçante que toutes les autres, comme nous allons le voir.

L'effet de cette nouvelle de l'accaparement Carnegie et Rockfeller est immense en Amérique, comme bien on le pense.

The Mineral industry la publication si estimée de M. ROTHWELL de *l'Engineering and Mining Journal* de New York, s'exprime ainsi :

« Avec son énorme outillage, auquel toutes les
« dernières inventions ont été appliquées ; avec une
« matière première qui lui est fournie en fait au prix
« de revient *(at bare cost)*, cette compagnie (Carnegie)
« est non seulement en mesure de donner l'acier à
« meilleur compte que qui que ce soit, mais elle a le
« pouvoir de dominer absolument le marché et de met-
« tre l'acier au prix qu'il lui plaira. Nous avons eu
« des pools et des combinaisons sans nombre dans
« l'industrie du fer aux Etats Unis, mais jamais
« encore une situation comme celle d'aujourd'hui où
« une seule compagnie peut absolument dominer le
« marché et obliger toute combinaison qui se for-
« merait, à enregistrer purement et simplement ses
« volontés.

La presse et le public américains crient au *trust* :
Pool dies, trust born (le *pool* meurt, le *trust* est né !)
tel est le titre à sensation du *New-York Herald* du 11
février : « L'acier du monde entier va être fabriqué
par CARNEGIE et ROCKFELLER » écrit-on partout. (Nous
examinerons si cette prédiction n'est pas entrain de
se réaliser).

Mais y a-t-il dans la *Carnegie Rockfeller combination* un accaparement, au sens propre du mot ?

L'acte apparent par lequel CARNEGIE et ROCKFELLER
scellent leur alliance n'est nullement un *trust* tombant
sous le coup de la législation américaine c'est un
simple bail par lequel la compagnie du « *Lake supérior consolidated* » loue ses mines pour une durée de
cinquante ans à la Compagnie Carnegie et met sa

flotte des Grands lacs à la disposition de celle-ci à des conditions déterminées. Et c'est tout.

Une convention d'allure paterne entre deux bons propriétaires qui mettent en commun leurs intérêts qu'y a-t-il là de délictueux ?

Est-ce que la loi va s'immiscer dans les contrats entre deux particuliers et les poursuivre comme dans les complots politiques « pour association illicite de deux personnes au moins ? »

Evidemment, la loi est impuissante contre cette coalition appliquée à deux individus. Dans aucune législation du monde, MM. Carnegie et Rockfeller ne pourront actuellement être poursuivis.

Et pourtant, qui niera qu'il y ait, par l'entente de ces deux hommes, accaparement d'une matière de première nécessité ?

Qui niera comme le dit le *Mineral Industry* que la « nouvelle entité Carnegie Rockfeller ne puisse abso- « lument dominer le marché et obliger toute combi- « naison à enregistrer purement et simplement ses « volontés ? »

Et dès lors les intérêts de la collectivité ne peuvent ils être lésés ? Et bien plus facilement lésés, ajou- terai-je par ces deux individualités que par un syn- dicat comptant de nombreux associés.

Car dans une association multiple, comme dans les gouvernements parlementaires, il n'y a pas à craindre les décisions soudaines, les coups d'audace, la spéculation pure, on discute, on pèse, on soupèse les arguments et une honnête moyenne d'opinion se dégage en général des délibérations autour du tapis vert des conseils d'administration.

Avec deux volontés seulement à accorder, avec deux hommes à individualités puissantes, capables de mener comme M. CARNEGIE une campagne de quinze années pour aboutir à un but que personne ne voit durant ces quinze années. Avec M. ROCKFELLER qui a pétri de sa forte main le *trust* du pétrole, quels coups d'audace ne peut-on pas attendre ? Il n'est pas de gouvernement, pas de puissance industrielle, pas de force au monde, qui puisse les arrêter. Ils ont les milliards, l'organisation, l'outillage, l'intelligence. Ils peuvent tout.

Et quand je dis qu'ils sont deux, je me trompe, M. ROCKFELLER est désormais dans la coulisse, il a cédé ses mines pour cinquante ans, il n'a même plus voix délibérative au chapitre et nous voyons en réalité le *trust* à une tête la coalition d'un seul, si l'on peut s'expliquer ainsi, la véritable dictature transportée pour la première fois dans le domaine industriel et commercial triompher de tous les obstacles.

Il y a là, il faut l'avouer quelque chose de saisissant et l'homme qui a su conquérir cette Royauté de l'acier, n'est pas certainement un homme vulgaire. (1).

Eh ! c'est précisément ce qui me paraît le plus dan-

____

(1) M. Carnegie a depuis fondé une compagnie à laquelle il a fait apport de ses usines, mais c'est encore là encore une feinte du grand spéculateur. Il est toujours le maître et n'a fait que se dérober aux responsabilités éventuelles.

gereux, car nous sommes bien cette fois, à la merci d'une volonté unique, d'un véritable monopole de fait et si l'on veut nous permettre d'anticiper peut-être sur les événements nous pourrons donner une idée de ce que nous réserve dans l'avenir le marché américain, conduit ainsi par une volonté indomptable. C'est l'exemple des répercussions internationales d'un accaparement.

Qu'est devenu le marché sidérurgique américain depuis la mémorable date de 1897, depuis l'accaparement CARNEGIE ROCKFELLER. Une lettre adressée dernièrement par le Président du Comité des Forges de France à M. le Président de la Commission des Douanes à la Chambre nous l'apprend :

La production de la fonte, base de toute métallurgie, aux Etats Unis a été :

en 1896...................... 8.761.097 tonnes
1897...................... 9.807.123
1898...................... 11,962.317
1899...................... 14.200.000

L'augmentation de 1899 sur 1897 est donc de 2.2'8.000 T. soit environ 18 %. Cette augmentation annuelle est presque égale à la production totale de la France en une année, 2.534.000 tonnes en 1896.

La production totale de l'acier en 1899 aux Etats-Unis a été de 11.745.128 tonnes (dont 2.540.000 de rails), au lieu de 8.980.736 en 1898.

Cet essor prodigieux de la sidérurgie américaine correspond à une production qui dépasse de beaucoup les besoins de la consommation du marché des

Etats-Unis ; comme les chiffres suivants permettent de le constater :

ANNÉES	QUANTITÉS EXPORTÉES (fontes, fers et aciers)
1895	90.819 tonnes
1896	207.600 »
1897	626.471 »
1898	891.696 »
1899	1.200.000 »

Les marchés neutres ne suffisant plus à l'écoulement de pareilles quantités les produits américains ont commencé en 1897 à s'introduire en Europe dans les pays qui ont l'industrie métallurgique la plus importante, c'est-à-dire, en Angleterre, en Belgique, en Allemagne ; ces exportations se composaient surtout de fonte ; en France même où elles avaient été importées de Belgique et déclarées d'origine européenne, ces fontes américaines ont pu s'introduire à la faveur de notre tarif minimun et c'est précisément pour prévenir ces importations frauduleuses que fut rétablie, en 1897, la formalité du certificat d'origine pour les fontes brutes.

Depuis cette époque, les exportations de la métallurgie américaine se sont étendues à toutes les branches de fabrication de cette industrie ; leur augmentation en 1898 par rapport à 1897 porte même uniquement sur les produits autres que la fonte brute, comme on le voit par les chiffres de ces deux années qui se décomposent comme suit :

	1897	1898	AUGM.
	tonnes	tonnes	%
Fontes brutes......................	266.889	257.106	
Fontes moulées, fers et aciers	359.582	637.590	77,31
	626.471	894.696	

Les résultats du premier semestre de 1899 permettent de prévoir que l'exportation, pour les fontes moulées, fers et aciers seulement, dépassera 850.000 tonnes en 1899.

La hausse considérable des prix de vente sur le marché américain depuis le commencement de 1899, hausse qui était au 1ᵉʳ juillet DE PLUS DE 118 %, ET QUI ATTEIGNAIT AU 1ᵉʳ OCTOBRE 164 % sur les billettes d'acier à Pittsburgh (16,25 dollars fin 1898, 35,50 le 1ᵉʳ juillet 1899, et 43 dollars le 1ᵉʳ octobre) (1) n'a pu que favoriser les exportations américaines en permettant d'écouler à l'étranger l'excédent de la production, à des prix d'autant plus bas que les bénéfices réalisés sur le marché intérieur étaient plus grands. Une telle variation des prix de vente concur-

---

(1) En ce qui concerne la hausse des produits métallurgiques en 1898 et 1899, voici quelques renseignements extraits du *Bulletin de l'Association américaine du fer et de l'acier* :

PRODUITS	Prix en francs par tonne de 1.000 kil.		AUG. p. 0/0
	Année 1898	Déc. 1898	
Fonte de moulage n' 1, à Philadelphie	57,87 (juill.)	127,50	122,24
Fonte grise d'affinage, à Philadelphie	51 » (nov.)	103,58	103,10

remment avec un développement de la production et des exportations, témoigne de ce fait que la métallurgie aux États Unis est dirigée dans le sens de la spéculation, qui y est d'ailleurs favorisée par le groupement nouveau des capitaux engagés dans cette industrie.

En résumé, la métallurgie des Etats-Unis a pris un développement tel que la production française tout entière n'atteint pas même la seule augmentation de la production américaine d'une année sur l'autre ; cette industrie dirigée, en outre, dans le sens de la spéculation et favorisée par des prix de revient inconnus en Europe menace très gravement l'industrie du vieux Continent ; les pays même comme l'Angleterre, l'Allemagne et la Belgique qui semblaient, jusqu'à ce jour, avoir le moins à craindre la concur-

Fonte grise d'affinage (minerai des lacs), à Pittsburg	45,74	(fév.)	109,95	140,38
Fonte Bessemer, à Pittsburg	51 »	(janv.)	127,50	150 »
Rails d'acier (prix à l'usine), en Pensylv .	86,70	(juill.)	178,50	105,88
Billettes d'acier (prix à l'usine (à Pittsburgh	75,22	(juill.)	198,90	164,42
Fer de qualité supérieure en barres, à Philadelphie (chez les marchands), prix de base.	142,80	(déc.)	285,60	100 »
Fer de qualité supérieure en barres, à Pittsburgh, prix de base	114,24	(déc.)	285,60	150 »

rence étrangère ont été vivement inmpressionnés, depuis deux ans, par les importations successives qui ont marqué le commencement de la formidable concurrence américaine sur leurs propres marchés.

C'est ainsi que s'exprime le président du Comité des forges de France :

*
* *

Ainsi, voilà des faits, des chiffres incontestables. Voilà ce que l'accaparement Carnegie, ce que la fièvre de la concentration industrielle qui a gagné les aciéries, ont fait, aux Etats-Unis.

Le plan est visible, nous le connaissons de source sûre. L'éxécution en est commencée.

Depuis la conclusion du fameux traité M. Carnegie, laisse vivre le marché américain, les cinq ou six aciéries qu'il a laissées debout ont vu les prix de l'acier remonter de plus de 130 %.

Il vient même de faire avec elle une combinaison et a eu en l'air de s'amalgamer dans une compagnie gigantesque qui lui a donné cinq cents millions de dollars pour sa part. Au fond, c'est toujours lui qui est l'âme de toute combinaison.

L'industrie métallurgique américaine connait enfin le repos et la sécurité après tant d'années d'épreuve et d'incertitude. Elle connait même la grande prospérité, c'est le bon plaisir du roi Carnegie. Mais il se prépare à porter la bataille industrielle sur un un autre terrain. Le marché étranger est seul assez vaste pour lui permette d'écouler son immense production, comme le fait remarquer le Président du Comité des Forges de France. Le duel va donc s'engager fatalement entre le nouveau monde et l'ancien.

Déjà, Carnegie a installé en plein pays ennemi — je veux dire en Angleterre qu'il menace en premier lieu parceque c'est un pays ouvert sans fortifications douanières — un poste avancé à Londres où la Compagnie Carnegie possède une agence supérieurement menée.

Les importations d'acier en Europe se font tous les jours plus actives et n'était le manque de grands vapeurs marchands américains — car la marine marchande a été surprise par la rapide transformation de la protectionniste Amérique qui va devenir exportatrice à outrance — il y aurait déjà un an que Carnegie aurait saturé le marché européen de produits métallurgiques.

C'est par l'Angleterre, du reste, que le Roi de l'acier va commencer en continuant par la Belgique dont le déclin va s'accentuer. C'est donc sous nos yeux que le marché belge, notre voisin immédiat sera conquis un jour par Pittsburgh qui lui vendra ses matières premières.

Notre tour viendra ensuite.

C'est alors qu'éclatera à tous les yeux, l'efficacité d'un régime douanier protecteur. Sans les droits métallurgiques, le marché américain n'aurait fait déjà qu'une bouchée du marché français, enrayé l'essor de notre industrie, paralysé la production de la fonte ; alors, c'est au certificat d'origine, à la surtaxe de pavillon, aux petites prescriptions d'entrepôt d'Europe (que le Comptoir de Longwy a exhumées fort à propos), à toutes les armes défensives en un mot du régime protecteur, que la France a dû jusqu'à présent de n'être pas envahie comme l'ont été l'Angleterre, la Belgique et même l'Allemagne. Mais ce n'est évidemment qu'une question de temps et dans tous les cas, l'exportation métallurgique française, qui commençait à se développer, pourrait bien être compromise. Nous conserverons peut-être notre marché intérieur, mais c'est tout. Il faut donc agir, et nous défendre.

Contre d'aussi gigantesques entreprises, que peuvent les petites lois de chaque pays si facilement tournées et si impuissantes ? Que devient le maigre article 419 de notre Code   En quoi arrêtera-t-il Carnegie surtout aux pays libres-échangistes ?

Le cas de M. Carnegie est en effet intangible par les moyens ordinaires, c'est un accaparement de matière première de première nécessité et d'objets fabriqués dérivés, accaparement gigantesque qui met en fait à la merci d'un seul homme le marché américain tout entier et lui permet de tenter, de contrôler également le marché international.

Mais, il n'y a pas coalition puisque Carnegie est seul ou qu'il fait partie d'une compagnie unique.

Il n'y a pas non plus manœuvres frauduleuses, puisque c'est un particulier ou une société qui opère avec ses propres forces, avec son argent, avec ses ressources d'intelligence et d'outillage.

Que faire ?

J'ai toujours pensé que l'étude des phénomènes de concentration industrielle et de ses conséquences était une étude générale, qu'un jour ou l'autre les gouvernements auraient intérêt à faire en commun car, ainsi que je le démontrerai dans un prochain chapitre, quand un accaparement devient international, les lois nationales demeurent impuissantes parce qu'elles sont fatalement disparates et hétérogènes.

Il faudra en arriver à unifier au moins dans les grandes lignes, la législation contre l'accaparement viser par un article l'accaparement international dont nous parlerons en dernier lieu. Ainsi s'esquisse un point qui fera partie de nos conclusions, à savoir qu'il faudra un jour ou l'autre réunir à Paris une Conférence européenne internationale qui s'occupera de la question que nous traitons, qui édictera un réglement de défense contre les effets de l'accaparement universel, chaque nation restant maîtresse d'édicter les lois qui pourront lui convenir à l'intérieur.

Ce sera, le commencement des ententes économiques entre les nations européennes, quelque chose comme le début du fameux Zollverein dont a parlé Guillaume II.

Dans tous les cas, gardons notre régime économique. C'est à l'abri d'une protection de 137,50 francs par tonne d'acier que l'Amérique s'est préparée à sa grande évolution métallurgique.

Faisons de même dans des proportions infiniment plus modestes et plus sensées.

Nous sommes attaqués, fortifions plus que jamais la place. Nous ferons des sorties contre l'ennemi commun plus tard.

Et que cela ne nous empêche pas de continuer d'aller au progrès scientifique et technique comme l'a fait Carnegie.

*
**

Ce qu'il faut retenir de cet exemple nouveau, c'est que la concentration industrielle n'a pas dit son dernier mot, c'est que nos petits syndicats, nos comptoirs, nos chambres syndicales ne sont qu'une étape.

Nous allons à la royauté industrielle ! Mystérieuses destinées ! Tandis que les peuples semblent aller à la République en politique, ils vont à la Monarchie en industrie. Comme si dans toute transformation sociale ou industrielle on devait fatalement commencer par la volonté unique, absolue, dictant ses lois au plus grand nombre.

Nous en sommes là, les masses obéissent aux obscures poussées de la concentration industrielle qui appelle fatalement la concentration de la volonté c'est-à-dire la Royauté et nous allons constituer de plus en plus des trusts, des fédérations, des groupements de patrons, d'ouvriers, de producteurs qui comme des années évolueront sous les ordres des Napoléon de l'économie politique comme Carnegie.

Le mouvement n'est donc pas fini.

Nous venons de voir un accaparement à la deuxième puissance (matière première et objets fabriqués) il nous reste à voir l'accaparement complet universel, international.

Il existe.

VIII

L'Accaparement

International

à la Troisième Puissance

VIII

L'ACCAPAREMENT INTERNATIONAL
A LA TROISIÈME PUISSANCE

Maintenant que nous avons étudié :

1° L'accaparement **pur** et simple de matière première dont le type est le **Syndicat des houilles de la** Westphalie.

2° L'accaparement de matière première et de matière ouvrée dont le type est la combinaison CARNEGIE, il ne nous reste plus qu'à parler de l'accaparement total — matière première et matière ouvrée, — non plus dans un seul pays, mais dans toutes les nations simultanément, c'est-à-dire l'accaparement universel que nous appellerons à la 3ᵉᵐᵉ puissance.

*
* *

A vrai dire, il semble que cet accaparement total soit impossible. Nous dirons pourtant 1° qu'il a été tenté dans une circonstance mémorable, on pourrait presque dire historique. 2° Qu'il existe réellement et fonctionne dans le monde depuis quelques mois seulement. Nous citerons cet exemple. La tentative d'accaparement total des mines de cuivre, valeurs de cuivre et stocks de cuivre a été faite par la Société des Métaux à la tête de laquelle se trouvait M. Sécrétan en 1887-88.

Le retentissement de cette affaire des cuivres a été universel.

Personne n'a tenté depuis 1887 de faire l'historique de ce que l'on a appelé avec juste raison « un drame économique ». Nous réservions depuis longtemps cet historique pour le livre que nous voulions écrire sur l'accaparement.

Le moment est venu de parler avec impartialité de ceux qui sont morts, de Denfert Rochereau, victime presqu'inconsciente d'une opération qu'il n'avait pas su modérer, de Sécrétan, homme de génie audacieux que le malheur avait fait naître dans un pays pondéré et timide en matière de spéculation, au lieu de le faire naître en Amérique où il se serait devenu le « Roi du Cuivre ».

J'ai été mêlé autant qu'on peut l'être à cette affaire des Cuivres, j'ai donc qualité pour la rappeler mais en laissant de côté, on le permettra, les personnes disparues et atteintes par les lois françaises, pour ne voir que la thèse de droit que j'ai entrepris d'exposer avec mes faibles moyens.

Vers la fin de 1887 M. Sécrétan, connaissant ma

vive opposition à ses vues sur la hausse du cuivre
me fit venir chez un ami commun M. LEBEY de l'A-
gence Havas et m'exposa avec une éloquence persua-
sive dont j'ai gardé l'ineffaçable souvenir ses vues
sur la question des cuivres.

« Je veux, me dit-il en propres termes, faire une
« opération profitable à mon pays. Le marché du
« cuivre est à Londres, je veux le transporter au
« Hâvre et à Paris, je veux que les transactions qui
« apportent des millions de courtages, de frêts, de
« main-d'œuvre, de magasinage, de warrants se fas-
« sent en France. Je veux faire vivre dix mille ou-
« vriers de plus avec un bon salaire. Pourquoi Lon-
« dres et non pas Paris comme marché universel du
« métal ? L'Angleterre pas plus que la France n'a
« de mines de cuivre. Les navires du Chili. du Japon,
« d'Amérique débarqueront aussi bien dans la Seine
« que dans la Tamise.

« Il suffit d'une volonté ferme, persévérante, pour
« arriver au but, cette volonté, cette persévérance, je
« les aurai et vous serez le premier à me rendre jus-
« tice et à me remercier un jour. »

Les objections que je fis à cet homme hardi —
génial, je l'affirme, — n'étaient pas faites pour le
convaincre. En vain je lui représentai qu'on ne
dérive pas en quelques mois ou même en quelques
années un courant commercial établi depuis des siècles, qu'il nous fallait une marine marchande et une
envergure que nous ne possédions pas en France.
Bref, que c'était folie que de vouloir réformer les

mœurs et les traditions économiques, et jusqu'au caractère national du jour au lendemain.

Mes paroles furent vaines. Sécrétan avait la foi des Rockfeller et des Carnegie. Il ne se trompait peut-être que de peuple car l'Amérique vient de voir, oh ironie ! réussir la même spéculation sur les cuivres à laquelle on peut dire que SÉCRÉTAN a sacrifié sa liberté, sa fortune, sa vie.

Tout entier à son rêve, il ne pouvait donc écouter les avis d'un modeste Représentant, sans grande compétence.

Il alla où le conduisait sa destinée.

Il poursuivit ce qu'il considérait comme son œuvre, marchant avec sénérité vers les pires désastres.

Vers la fin de 1887 et le commencement de 1888 le puissant syndicat Sécrétan était en plein fonctionnement. Il avait pour but, comme l'a dit Edmond THÉRY, lui-même : « de monopoliser la production cu- « prifère universelle et de rendre les industriels an- « glais, allemands et belges tributaires du marché « français

« Le prix du cuivre était a peine de 1030 francs la « tonne à la fin de Décembre 1886 il atteignit sous « l'influence du syndicat le prix de 2050 francs à la « fin de 1887 et même 2675 fr. en le milieu de 1888. »

Ainsi sous l'impulsion du groupe SÉCRÉTAN, JOUBERT, LAVESSIÈRE etc., le cuivre avait plus que doublé depuis janvier 1887, jamais depuis bien des années on n'avait vu un pareil « bondissement » des prix de ce métal.

Toutes les classes de la Société française et anglaise, suivant les progrès de la spéculation s'étaient mises à jouer sur les valeurs cuprifères. On ne parlait que du RIO, du THARSIS, du WIGNAES.

Le syndicat achetait toujours sur la place de Londres tout le métal qui paraissait.

Il triomphait ostensiblement de toutes les oppositions et de toutes les prédictions moroses.

Depuis longtemps du reste notre opposition du début était oubliée, tandis que réfléchissant de plus en plus aux conséquences effrayantes de cette opération folle qui consistait à faire soi-même la hausse sur la denrée qu'on voulait acheter — nous méditions tout au moins de jeter pour le pays un cri d'alarme.

Nous résolûmes alors d'adresser à la tribune une question au Garde des Sceaux.

Comme ce livre doit-être avant tout un livre documentaire on nous permettra de nous citer nous-même ici parce que ces interventions à la Tribune constituent l'histoire du syndicat des cuivres.

La question fut posée dans la séance du 16 février 1888, au moment où le dit syndicat allait atteindre l'apogée de sa puissance et à peu près un an jour pour jour avant les évènements tragiques du COMPTOIR d'ESCOMPTE et la ruine de SÉCRÉTAN et de ses associés.

Voici les extraits de l'Officiel.

M. LE PRÉSIDENT. La parole est à M. Laur pour adresser une question à M. le ministre de la justice, qui l'accepte.

M. FRANCIS LAUR. Messieurs, je veux entretenir la

Chambre aussi brièvement que possible d'une question qui a passionné l'opinion publique... (Exclamations à droite), je pourrais dire toute la presse et même le monde entier, si j'en juge par les articles publiés sur ce sujet dans toutes les langues.

Cette question intéresse aussi particulièrement la défense nationale de notre pays.

Voici les faits : Une société ou un syndicat aurait réuni entre ses mains la presque totalité d'un métal indispensable aux usages humains et à la défense nationale de notre pays... Le cuivre! Le prix de ce métal se serait élevé subitement de 100 pour 100.

J'ai été chargé par le groupe socialiste de la Chambre, épris avant tout de questions pratiques et techniques, de faire une enquête sur cet accaparement.

Un membre. Il avait baissé de plus de 100 p. 100 !

M. LE COMTE DE KERGARIOU. Nous n'avons pas à nous occuper ici des variations dans les prix des métaux.

M. FRANCIS LAUR. Je vous prierai de vouloir bien me permettre de vous indiquer brièvement : 1° quelques chiffres statistiques à propos du cuivre ; 2° quelle est la nature de l'opération dont il a été l'objet ; 3° quels en sont les avantages et les inconvénients. (Interruptions à droite.)

A gauche. Parlez! parlez!

M. FRANCIS LAUR. On ne m'empêchera pas de parler.

Je vais vous donner, messieurs, les chiffres indispensables pour éclairer cette discussion.

Quelle est la production du cuivre dans le monde? Elle est de 200.000 à 210.000 tonnes par an en chiffres ronds, répartis ainsi : Chili, 35.000 ; autres cuivres de l'Amérique, 83.000 ; Rio-Tinto (Espagne et Angleterre), 24.000; Tharsis (Espagne et Angleterre), 13.000 ; Mason et Barry (Angleterre), 15.000 ; Cap, 5.000 ; Japon (consommé par la Chine), 14.000 ; autres contrées, 16.000. Si l'on déduit de cela la consommation de l'Amérique et des pays chinois, 75.000 tonnes, il reste pour le marché européen 135.000 tonnes.

La production du monde provient, on le voit, de cinq centres principaux : la Chine, le Cap, le Japon, l'Espagne et l'Amérique. L'Angleterre n'a que des mines sans grande importance. La France n'en a pas du tout, j'appele votre attention sur ce point.

Quant aux marchés de vente du cuivre, il y a le marché américain, qu'il faut laisser de côté, avec les 64.000 tonnes qui lui sont nécessaires, le marché chinois, le cuivre produit par le Japon et le marché européen qui exige avons-nous dit environ 135.000 tonnes de cuivre.

Que s'est-il passé, dans ces derniers mois, à partir de novembre dernier ?

Examinons la fameuse statistique officielle de Vivian, à laquelle on ne saurait opposer aucune autre autorité plus compétente.

Le prix du cuivre, si l'on ne s'arrête pas aux mouvements sans durée et sans importance, et si l'on ne considère que les grandes fluctations, le prix du cuivre, qui était, en 1866, de 90 livres est tombé à peu près régulièrement, sauf un point de rebroussement important mais acidentel en 1872, de 99 livres en 1866 à 62 livres en 1870, 53 livres en 1878, 58 livres, en 1883 et 38 livres en novembre 1887.

C'est-à-dire que, depuis 1866, si l'on considère la hausse de 1872 comme une conséquence directe et reconnue de la guerre, le cuivre est descendu, avec de légères oscillations, de 100 livres à 38 livres ! Pendant que la production doublait le prix descendait de plus de moitié, au grand bénéfice du consommateur, de sorte que, chose qui paraît paradoxale, les bas prix causaient la surproduction, parce qu'on cherchait à diminuer le prix de revient du minerai par l'augmentation de l'extraction.

Il semblerait donc que si, en thèse générale, on abandonnait les phénomènes économiques à leur libres cours, le consommateur serait toujours satisfait par le bas prix des objets, conséquence normale d'une surproduction naturelle mais c'est à ce moment qu'interviennent toujours les syndicats et la coalition.

Il est donc nécessaire de constater que la baisse excessive du cuivre n'était pas due à une cause accidentelle, anormale, mais à un phénomène économique lent, agissant sur les cours depuis plus de vingt ans au maximun et seize ans au minimum. Ce qui a été accidentel, anormal, c'est une hausse faisant en deux mois un bond prodigieux, regagnant tout le terrain perdu depuis tant d'années et portant enfin le cuivre de 38 à 80 livres, c'est-à-dire faisant plus que doubler sa valeur marchande.

Il y a là, au contraire, la certitude morale que c'est une volonté individuelle qui a troublé la marche du phénomène économique et substitué à une hausse probable de peu d'amplitude une véritable ascension des cours.

Messieurs, ces chiffres établis, j'ai le devoir de vous exposer les détails de l'opération qui a été tentée et réalisée.

Au point de vue du consommateur, avant la hausse, tout allait parfaitement bien, vous aviez les outils à bon marché, les machines à vapeur à bon marché, les cartouches à bon marché, les détails en cuivre des canons, le bronze, le laiton et même les monnaies également à bon marché.

Je dis les monnaies, car, si vous transformez aujourd'hui vos sous en nickel, suivant les convention conclues vous allez perdre, vous Etat, de ce chef seulement, une dizaine de millions, — si la Chambre autorise cette transformation, bien entendu ; — vous aviez donc toutes ces denrées à bon marché, le consommateur, je le répète, était satisfait. Une volonté humaine, une coalition d'intérêts privés, respectables sans doute mais ne représentant en aucune façon l'intérêt général, une intervention qui ne constitue pas le cours normal des phénomènes économiques, qui n'a rien à voir avec une loi économique, a troublé l'ordre de choses établi depuis de longues années, et au grand mécontement des 35 millions de consommateurs français. Il en est résulté qu'aujourd'hui tout ce qui est cuivre, laiton, maillechort, bronze; a monté de 100 p. 100.

Etant donné que le marché de l'Europe était de 135.000 tonnes, que le marché de consommation de l'Amérique et de la Chine ne pouvait influer sur l'opération à tenter, le problème s'est ainsi posé aux spéculateurs décidés à réaliser une opération gigantesque et sans précédents, je crois, dans l'histoire du commerce universel :

Comment accaparer 135.000 tonnes de cuivre par an, pendant un certain temps, de façon à être maître du marché européen, faire monter la valeur du métal et peser souverainement sur les cours? C'est une société française, la Société des métaux — vous me permettrez de ne citer aucun nom, — qui a conduit toute l'opération.

Voici, en passant, quelques détails sur cette société :

Elle est constituée au capital de 25 millions, dont 23 millions d'apports, ne laissant libres que 2 millions de fonds de roulement, depuis longtemps absorbés. Il est vrai qu'il y a eu émission de 20 millions d'obligations, mais les immobilisations et les remboursements ayant été d'environ 10 millions, nous nous trouvons en présence d'une société qui entame une spéculation portant, comme vous allez le voir, sur plusieurs centaines de millions avec 10 millions de fonds de roulement; d'où découlera pour elle cette nécessité d'émettre à bref délai de nouveaux capitaux. Cela se fera dans des conditions très favorables, étant donnée la hausse des cuivres. C'est peut être là une des causes premières de l'admirable et dangereuse spéculation qui a eu lieu.

Ces détails étant donnés sur la société des métaux, celle-ci a trouvé au 31 décembre 1887, un stock à Londres de 42.000 tonnes de cuivre, elle s'est emparée de la presque totalité (de 30.000 à 35.000 tonnes.).

Elle a dépensé, ainsi aidée par de puissants financiers, une somme de 30 à 40 millions pour l'achat de ce stock disponible ; la hausse s'en est suivie inévitablement ; c'est le premier acte de la pièce, qui en a cinq. Ainsi donc, voilà une première opération de cette société et de ses collaborateurs. Elle consiste à engager 30 à 40 millions tout en n'en ayant que 10 à sa disposition, mais à recourir à un crédit puissant pour le reste afin de déterminer le mouvement initial de la hausse.

C'est la plus petite opération. Il en a été fait une seconde, que j'appellerai l'opération à terme.

Elle a consisté à acheter les principales productions des mines non pas seulement d'Europe, mais du monde entier : celles de Wallaroo en Australie, de Wignaës en Suède,, une partie de la production du Lac Supérieur en Amérique, du Montana, du Chili, etc., etc., et alors on est arrivé à 60.000, à 70.000 tonnes par an pendant trois ou quatre années. C'est-à-dire que désormais pendant ce laps de temps toute la production du cuivre métal est ce qu'on appelle « contrôlée » par le syndicat.

Il y a en outre des facultés d'option qui augmentent encore cette sorte de puissance qui s'exerce plus ou moins souverainement sur toutes les sources de production du métal. Les preuves de cet accaparement aussi audacieux que bien conduit arrivent chaque jour. Ce sont les comptes rendus des assemblées générales des sociétés qui nous les apportent au fur et à mesure qu'elles se produisent.

Nous lisons, en effet, dans le *Moniteur des intérêts matériels*, à propos de l'assemblée des usines de Wignaes:

« Il a été également donné communication d'une convention passée avec la société industrielle des métaux, par laquelle celle-ci achète, à partir du 1er janvier 1888, et pendant quatre années, à un taux déterminé à l'avance, toute la production ».

La même chose a été faite pour Wallaroo, au moins pour toute l'année 1888, à des prix que je n'ai pas à indiquer ici ; la même chose pour une partie des productions du Lac Supérieur ; la même chose pour les cuivres électrolytiques ; la même chose pour les mattes cuivreuses et argentifères de Montana, qui ont été repassées à de grands négociants de Paris, en garantissant la parité du cuivre avec l'Angleterre.

En un mot j'estime que cette grande opération faite avec les quinze plus grands centres de production porte sur 250.000 à 300.000 tonnes de métal acheté à terme et à livrer pendant trois ou quatre ans.

Cette seule spéculation portera donc sur un capital de 400 à 600 millions de francs, selon le cours...

M. LE COMTE DE KERGARIOU. Et la liberté commerciale ?

M. FRANCIS LAUR. Elle consiste à avoir la liberté d'accaparer, probablement ?...

De telle sorte que l'opération de 40 millions s'est grossie d'une autre spéculation de 400 à 600 millions à terme.

Mais, messieurs, il s'est présenté à l'esprit des personnes qui faisaient cette spéculation colossale une pensée inquiétante ; comment consolider cette hausse faite à coups de capitaux, en procédant à l'absorption complète des stocks existants et de la plus grande partie des stocks futurs ?

Il fallait tout prévoir, les accidents, la guerre, des découvertes de mines nouvelles ; c'étaient là les points noirs.

Pour consolider la hausse il fallait faire prendre aux principaux producteurs de minerais des engagements afin de limiter la production. C'est là qu'arrive la troisième opération, celle qui nous inspire, je le répète, autant d'admiration que de crainte, c'est la partie la plus intelligente de cette spéculation si hardie déjà.

On a dit aux mines : avec l'état de choses actuel vous perdez de l'argent tous les ans ; vous avez un prix de revient qui, lorsque le cuivre est à 110 fr. seulement, vous constitue en perte. Voulez-vous que nous prenions pour ainsi dire l'entreprise de la hausse du métal, voulez-vous alors nous mettre à même de vous assurer un cours minimum de cuivre Vous vendrez les excédents non pris par nous, comme vous l'entendrez, comme par le passé, mais dès maintenant nous vous garantissons un cours minimum du cuivre. Vous vendrez les excédents c'est que vous prendrez l'unique engagement de limiter votre production au taux des dernières années. Nous partagerons dans une proportion donnée tous les bénéfices entre 60 et 80 livres, naturellement, mais tout ce qui est en dessous vous est acquis. Et alors est intervenu entre les mines de Rio-Tinto, de Tharsis, de Montana, etc., cet arrangement spécial.

M. Michou. Condensez donc vos explications. (Rires sur divers bancs.)

M. Sourigues. On ne peut pas condenser davantage. D'ailleurs, c'est très intéressant.

M. Francis Laur. Je vous assure, messieurs, que je condense autant que possible. (Parlez ! à gauche.)

Voilà le calcul tout naturel qui s'est fait. Les mines ont dit : Le cours du cuivre étant de 60 livres, notre production de tant de mille tonnes par an, le prix de revient de la tonne étant à un chiffre connu, nous faisons mathématiquement un bénéfice net, au lieu d'une perte, —

pour certaines mines, ce bénéfice va jusqu'à 20 et 25 p. 100 du capital — alors nous pouvons sans crainte prendre l'engagement de limiter notre production à celle des trois dernières années et nous associer à la campagne de hausse.

Cet engagement a été pris, messieurs. Nous nous trouvons alors en présence d'une sorte d'accaparement non-seulement du métal, mais aussi du minerai, ce qui ne était jamais réalisé en aucun temps, c'est-à-dire une concentration dans les mêmes mains non seulement de la matière ouvrée, mais de la matière première.

M. GANIVET. S'il y a un délit, dénoncez-le !

M. FRANCIS LAUR. Cet accaparement n'est pas sans créer un danger immense pour la spéculation, et pour ceux, hélas, qui la suivront. C'est ce danger que je veux signaler tout de suite à la Chambre :

La société des métaux s'est engagée dans certaines conventions, à prendre tout le stock qui serait invendu au-dessous de 60 livres. Et si une guerre arrive, si ces calculs sont dépassés, cette société qui a, il est vrai, derrière elle des centaines de millions, se verra peut-être obligée de reprendre subitement tout le stock invendu et ce sera alors un désastre. (Exclamations ironiques à droite.)

M. CLÉMENCEAU. C'est très intéressant. Ecoutez !

M. FRANCIS LAUR. Voilà donc, messieurs, comment se dessine une troisième opération plus gigantesque encore ; l'accaparement d'une quantité de cuivre que le hasard des événements humains pourra seul déterminer et à une époque inconnue. Mais il y a mieux encore. Une quatrième opération est venue se greffer sur les trois premières ; on voit apparaître à ce moment des banques qui avaient des titres de mines de cuivre : la Société générale, par exemple, avec ses Rio-Tinto ; d'autres sociétés de banque qui avaient des Tharsis, des Boléo, etc.

Eh bien, ces maisons de banque de Paris se sont dit :

« Mais, puisqu'il y a un syndicat engagé à la hausse, qui la garantit pour ainsi dire, qui en a l'entreprise, pourquoi ne pas compléter l'opération par un syndicat sur toutes les valeurs de cuivre. Et alors, vous voyez cette coalition devant laquelle tout le monde demeure aujourd'hui effrayé ou... séduit. (Rires à droite.)

Vous avez non seulement la coalition sur la matière première et sur la matière ouvrée ; mais en même temps sur toutes les valeurs qui, de près ou de loin, touchent aux mines et aux usines à cuivre, c'est-à-dire que pour la première fois tout ce qui touche à une denrée, tout ce qui en produit ou en échange, — sauf le consommateur, — se trouve réuni, syndiqué, engagé dans la campagne de hausse. La consolidation de l'opération est complète pour quatre ans.

M. LE COMTE DE KERGARIOU. Les autres métaux : l'étain, le zinc, etc., ont également monté, et ils n'ont pas été l'objet d'un accaparement.

M. DUGUÉ DE LA FAUCONNERIE. En 1857, le cuivre valait 119 livres !

A gauche. N'interrompez pas.

M. PÉRILLIER. C'est très intéressant. Parlez !

M. FRANCIS LAUR. Et vous allez voir de quelle importance sont ces renseignements.

Messieurs, je pourrais dire que toutes les maisons de banque de Paris et peut-être quelques-unes de Londres sont intéressées à cette question et j'en ai une preuve : c'est que toutes les maisons de banque de Paris ont été sollicitées à leur tour, les plus petites comme les plus grandes ; fort peu ont refusé leur concours et mal leur en a pris. Mais je ne m'étends pas sur ce sujet.

Messieurs, ce n'est pas tout encore, il y a encore une cinquième opération qui est très intelligente aussi, que je ne condamne pas d'une façon absolue, s'il peut en résulter un avantage quelconque pour le travail national. Il s'agit des émissions nouvelles qui vont pleuvoir, permettez-moi l'expression. Toutes mines de cuivre abandonnées ou en déconfiture ; toutes les usines existantes, toutes les maisons de commerce en métaux, vont demander de l'argent au public. L'occasion est trop belle.

Voici quelques exemples :

La société industrielle des métaux, sentant l'insuffisance de son capital, va émettre vingt ou trente millions d'obligations dans des conditions favorables, puisque tout le monde estime que la hausse des cuivres, c'est aujourd'hui un peu la carte forcée.

Voici, en effet, ce que je lis dans le compte rendu d'une réunion des actionnaires d'une société :

« *Mines de Wigsnaës.* — Les actionnaires de la société des mines et usines de cuivre Wigsnaës se sont réuni hier en assemblée générale extraordinaire.

« Cette assemblée a autorisé le conseil d'administration à contracer un emprunt de 3 milions par l'émission de 6.000 obligations de 500 fr. 6 p. 100, en vue du développement à apporter aux établissements d'Hemixen »

Et ainsi de suite.

De sorte que ce mouvement, cette campagne de hausse résolument entreprise à un moment propice, est destinée à faire sortir les capitaux qui se cachaient, depuis l'Union générale. Je n'y vois pas grand inconvénient, à condition cependant que tout cela soit fait avec modération.

Voulez-vous connaître maintenant approximativement, bien entendu, à 40 ou 50 millions près... (Interruptions rires à droite.)

A gauche. Laissez parler ! vous pourriez répondre.

Francis Laur. 40 ou 50 millions, c'est une chose à peu

près indifférente, Messieurs, comparativement au moutant énorme des cinq opérations qui sont celles-ci :

1° l'achat ferme du métal, opération qui se monte à 30 ou 40 millions.

2° l'achat du métal à terme, environ 400 millions.

3° l'achat éventuel de tous le stock des mines au-dessous de 60 livres, je ne l'ai coté que pour mémoire;

4° la spéculation sur la valeur des mines, représentant un capital inférieur à 1 milliard.

5° Et enfin l'émission nouvelle d'actions à la faveur de la hausse du cuivre, c'est également l'inconnu et je ne la porte également que pour mémoire; on arrive ainsi pour les capitaux à mettre en mouvement dans cette colossale entreprise à la somme de 1.440.000.000 fr., c'est-à-dire à peu près à 1 milliard et demi.

Messieurs, cete spéculation étant décrite, nous allons, si vous le voulez bien, avec sincérité, avec impartialité, en démontrer les avantages et les nconvénients.

Les avantages, les voici et je ne les tairai pas à la Chambre. Le marché du cuivre est à Londres: on le déplacera dans une certaine mesure vers le Havre et Paris mais malheureusement n'est-ce pas un peu un mirage? et vous allez comprendre pourquoi. L'Angleterre raffine du cuivre brut; la France n'en raffine point; elle n'a point d'usines parce qu'il y a une surtaxe de pavillon de 3 fr. 60 qui frappe en France les produits bruts étrangers. De sorte que toutes les mattes, les cuivres noirs, bruts ou impurs vont se faire dénationaliser en franchise à Swansea ou ailleurs pour nous revenir sous forme de cuivre raffiné « best selected » ou autre.

La France n'a donc en réalité de marché que pour les marques choisies du cuivre. Par conséquent je ne vois pas là, sincèrement, la volonté de la part des spéculateurs d'attirer en France le marché du cuivre, ce que je comprendrais et voudrais et ce que j'approuverais hautement.

Si donc on avait eu réellement l'intention de doter notre industrie nationale d'un marché nouveau, ce que je recherche avant tout, on aurait été au Hâvre ou à Dunkerque créer, avec une faible partie des capitaux engagés, des usines de raffinage de cuivre brut ce qui entraîne l'extraction des métaux précieux; on aurait ainsi enlevé ou disputé au marché de Londres le monopole du raffinage des cuivres du Chili et de l'Amérique; si l'on avait voulu également attirer le marché en France, on aurait créé une usine de production de cuivre électrolytique, c'est-à-dire de cuivre produit par l'électricité, et dont les emplois sont indiqués, notamment pour la défense nationale, les fils télégraphiques, etc.

Je vois bien là, en résumé, une étiquette de patriotisme; voici une troisième preuve, plus triste que les autres. Si le patriotisme était pour quelque chose dans la campagne de hausse, pourquoi la société des métaux a-t-elle été créer en Italie, à Livourne, une gigantesque usine à cuivre avec l'appui du gouvernement italien? Pourquoi a-t-elle soustrait ainsi au marché français une partie de ses débouchés, une partie de ses exportations?

Nous perdrons d'un côté ce que nous aurons gagné de l'autre.

En résumé, le seul avantage qui ressorte pour nous de l'opération, c'est que nous aurons, cela est évident, un marché financier plus développé sur les valeurs de cuivre; nous aurons également des émissions, mais j'avoue franchement que toutes les émissions, toutes les affaires de finance, de Bourse, me touchent peu; ce qui me touche uniquement, c'est l'enrichissement de la nation par la production; c'est le travail donné aux ouvriers, aux petits producteurs; c'est l'élaboration des matières utiles à l'humanité, et non pas les spéculations qui ont toujours de terribles lendemains.

M. MARTIN NADAUD. Très bien ! très bien !.

M. FRANÇIS LAUR. Voici maintenant, messieurs, les inconvénients, et c'est par là que je termine :

Le premier, qui saute aux yeux, est celui-ci : La spéculation pourra-t-elle se soutenir ? Si, comme on le fait pressentir, comme je n'ose presque pas l'espérer maintenant pour mon pays, désormais engagé à fond dans cette question, si la spéculation ne se soutient pas, si l'Amérique veut prendre sa revanche sur l'Europe — comme elle le peut, grâce à des mines peut-être insoupçonnées — il pourra en résulter une lutte dont l'issue sera véritablement fatale.

Voici les expressions du *Times*.

Après avoir expliqué la spéculation que je viens de retracer, il dit :

« Si ce qui précède est correct » — c'est-à-dire vrai — « la spéculation et tous ceux qui ont acheté »... (Bruit de conversations.)

Messieurs, j'appelle l'attention de la Chambre sur cette appréciation du *Times* :

« Si ce qui précède est correct, la spéculation et tous ceux qui ont acheté soit du cuivre, soit des actions à des prix récents, doivent avoir une grande appréhension, car, à un moment donné, le syndicat français peut vouloir se débarrasser, et alors nous verrions une scène de désarroi et de confusion comparable seulement à celle que produirait un transport de guerre coulant à pic avec le chargement et le convoi. »

Enfin, messieurs, le plus gros inconvénient, celui que je veux surtout vous signaler, c'est celui qui résulte de cette spéculation pour notre défense nationale.

Il est incontestable que le marché international est

encore intact dans quelques-unes de ses parties, notamment en Amérique; mais le marché français est complètement accaparé, de deux manières : d'abord, parce que la Société des métaux possède ou a syndiqué environ huit ou neuf usines sur onze ou douze, et par conséquent elle possède en ses mains l'outillage complet de la France, à une exception près.

En second lieu, comme à la marine, à la guerre, on a encore le préjugé incroyable d'imposer, d'exiger, dans le cahier des charges, des marques spéciales, telles que Wallaroo, lac Supérieur, électrolytiques, etc... marques en dehors desquelles il n'y a point de salut; comme nos savants polytechniciens n'ont pas voulu imposer purement et simplement des conditions d'allongement, de résistance, sans s'occuper si le métal venait du Nord ou du Sud, il s'ensuit que celui qui a accaparé soit les lac Supérieur, soit les électrolytiques, par exemple, est absolument maître de la marine, de la guerre et des finances. Il fait la pluie et le beau temps dans les adjudications, c'est ce qui a lieu depuis un grand nombre d'années.

C'est ce qui explique certaines fortunes véritablement immenses faites uniquement sur les fournitures de l'Etat.

La société des métaux est une société qui possède ainsi la clientèle à peu près exclusive de l'Etat; bien peu de personnes peuvent arriver à se rendre adjudicataires, à moins que la société veuille bien y consentir. En effet un concurrent étant obligé de se soumettre à une marque déterminée — le lac supérieur, je suppose — si la production est achetée tout entière par la société des métaux, il est obligé de venir dire humblement : vendez-moi du lac Supérieur pour exécuter ma commande, et alors le prix qu'on le lui fait payer peut rendre tout bénéfice impossible.

L'accaparement des marques est donc une chose faite — et je dois le dire quoiqu'il m'en coûte — la défense nationale est tout entière entre les mains de la société des métaux.

L'Etat, en effet, est le plus grand client du marché du cuivre en France, parce qu'il a besoin de ce métal pour le doublage des navres, pour la fabrication des cartouches, des culots d'obus, pour celle des monnaies, parce qu'il a également besoin de ses alliages, maillechort, laiton et autres dérivés pour ses fabrications spéciales. C'est par millions et millions que se chiffrent ses commandes à des prix qui susciteront peut-être un jour bien des réclamations.

Eh bien, les sommes énormes qui sont dépensées par la guerre et par la marine chaque année seront évidemment majorées, doublées par suite de la hausse des cuivres, et on évalue à peu près à 9 à millions la perte qui va résulter pour l'Etat de cette spéculation.

L'Etat sera absolument obligé de passer sous les fourches caudines de la société des métaux, qui lui fera la loi, puisqu'elle a en main presque tous les moyens de production et tout le métal. Il n'y a qu'à espérer dans sa modération et sa sagesse. Il n'y a en France eu effet qu'un seul industriel qui ne fasse pas partie du syndicat, et celui-là déclare — c'est un parfait honnête homme qui fait les plus grandes affaires en cuivre, ou qui les a faites — et celui-là déclare qu'il est absolument à la merci du syndicat, que dans les adjudications si l'on veut le viser personnellement et prendre des fournitures avec le métal acheté au rabais, à 125 fr., par exemple, tandis qu'il est obligé de le payer au cours de 180 fr., il est dans l'impossibilité de lutter. Il espère aussi que le syndicat le laissera vivre.

Le marché italien qui était un gros débouché pour lui vient de se fermer. Il est donc cerné de toutes parts.

Il y a encore un autre danger, qui est le suivant : cette société ayant fondé une usine pour la fabrication du cuivre, en Italie, et le programme de cette usine étant celui-ci (je le lis dans un journal local) : instruments de guerre, cartouches, cercles pour obus, obus, etc.; lorsque l'Italie demandera à cette société des modèles, cette dernière sera-t-elle toujours maîtresse de ne pas se souvenir de ce qu'elle a fait en France? Je ne mets nullement en doute son patriotisme, mais il y a là une situation bien délicate pour elle et pour nous.

Disons en passant que, du fait de la construction de la gigantesque usine de Livourne, le cuivre se trouve aussi accaparé en Italie.

M. DUGUÉ DE LA FAUCONNERIE. C'est la même chose pour l'usine d'Unieux, qui fournit à l'Angleterre des projectiles en acier. (Très bien! à droite.)

M. FRANCIS LAUR. Mais l'usine d'Unieux est en France...

M. DUGUÉ DE LA FAUCONNERIE. Raison de plus...

M. FRANCIS LAUR. ...par conséquent quelqu'un en bénéficie en France, tandis que l'usine de la société des métaux étant en Italie, la production nationale n'en bénéficiera pas. (Très bien! très bien! à gauche. — Exclamations à droite.)

L'usine d'Unieux fournit du travail à nos ouvriers, et nous serions très heureux que l'Angleterre nous fît de grandes commandes parce que l'Angleterre n'est évidemment pas l'ennemie de la France.

Voici le bilan de l'opération qui a été faite :

Pas de mines de cuivre en France, par conséquent, pas d'intérêts miniers en jeu. Les usines n'ont pas été augmentées; donc, encore, pas d'intérêt au point de vue des ouvriers spéciaux en cuivre (ils sont satisfaits autant que j'ai pu en juger, mais leur nombre n'augmentera guère,

L'Etat ?... très gêné et entre les mains d'une société particulière : les petits producteurs, les fondeurs de cuivre, au nombre de 40 à 60, à Paris, se trouvant tous dans un certain désarroi, quelques-uns faisant faillite, ayant des marchés à livrer à 150 fr., par exemple, et achetant des cuivres à 180 fr.

L'Exportation ... Je vous ai dit qu'on en ferait peut-être un peu du côté de l'Inde, mais on n'en fera plus du tout du côté de l'Italie.

La consommation ... elle supporte en ce moment presque tout le poids de la hausse. Ainsi donc, ni les petits producteurs, ni les ouvriers mineurs, ni les ouvriers métallurgistes, ni ces trente-cinq millions de Français qui usent du cuivre, pour le bâtiment, pour les usages journaliers pour la cuisine, pour les machines, personne ne gagnera à l'opération. Tout le monde a des intérêts contraires à cette spéculation. Il n'y a absolument que la Société des métaux...

Un membre: La conclusion !

M. FRANCIS LAUR. ...que les banques d'émissions, que les détenteurs d'actions qui pourront y trouver un avantage. Evidemment, ce sont là des intérêts respectables, je le reconnais. Mais quand je mets ces intérêts en balance, j'avoue franchement que je penche du côté des mines, des usines, des travailleurs, des consommateurs et des petits producteurs. (Interruptions.)

Vous me demandez ma conclusion. La voici : ce que je viens d'esquisser n'est qu'un cas particulier ; les grands syndicats sont aujourd'hui légion en France et ce qui est vrai pour le cuivre, l'est également pour le nickel, ce qui est vrai pour le nickel est vrai aujourd'hui pour l'étain, ce qui est vrai pour l'étain le sera demain pour n'importe quel métal — le fer peut-être.

Les choses vont continuer de s'aggraver. C'est contre ces monopoles élevés à la faveur du principe de la liberté de commerce de la liberté de la concurrence (et qui en sont en réalité la négation et la dérision), que commencera, si nous n'y prenons garde, un immense mouvement de revendication sociale.

Il y a, monsieur le ministre, un article du code pénal qui s'appelle l'article 419 et qui punit la coalition « entre les principaux détenteurs d'une même marchandise ou denrée tendant à ne pas la vendre ou à ne la vendre qu'à un certain prix. » C'est le cas actuel. Je demanderai à M. le ministre : Etes-vous d'avis, comme on l'a affirmé au Sénat dans une discussion en 1885, que l'article 419 est tombé en désuétude Enfin, êtes-vous décidé à appliquer l'article 419 Dans la négative, êtes-vous résolu à surveiller les tentatives, les agissements des spéculateurs du cuivre, afin de les arrêter dans une campagne de hausse éxagérée

Voilà, monsieur le ministre, la portée de ma question, et quelle que soit votre réponse, dans l'avenir je la suivrai encore dans ses différentes phases, au nom des intérêts des travailleurs et des consommateurs. (Très bien ! sur divers bancs à gauche.)

M. LE PRÉSIDENT. La parole est à M. le ministre de la justice.

M. FAILIÈRES. *garde des sceaux ministre de la justice.* Messieurs, je voudrais avoir la compétence de l'honorable M. Laur pour le suivre dans tous les détails qu'il a donnés à la Chambre. Je serai plus bref que lui, en précisant, si c'est possible, davantage le point sur lequel il a fini par appeler l'attention du ministre de la justice.

Je ne sais pas si, comme il l'a dit au début de ses observations, les opérations dont il vous a longuement entretenus ont ému l'opinion publique ; mais il faut reconnaître qu'à une certaine époque, vers le mois de Décembre de l'année 1887, il s'est produit, sur le marché du cuivre, une hausse qui a ému dans une certaine mesure, le monde de l'industrie et même celui de la finance.

Que s'était-il en effet passé? M .Laur vous a dit que, dans le courant de ce mois de décembre 1887, il s'était produit sur le marché du cuivre une hausse considérable. Pour être juste, et me servant d'une expression qui a été employée il y a quelques semaines, je dois constater qu'il y a eu, à ce moment, comme une véritable explosion de hausse. Les cuivres, qui, depuis environ deux ans ou deux ans et demi, avaient baissé de mois en mois, ont été arrêtés, peut-être sous l'effort de la spéculation, — je n'ai ni à m'expliquer ni à prendre parti sur ce point, — à un prix qui représentait à peu près la moitié de ce qu'ils valaient en 1875.

Il est utile, je crois, de faire passer rapidement sous les yeux de la Chambre les divers cours de cette marchandise.

Pour cette dernière période, qui s'est écoulée de 1875 à 1887 — je ne remonte pas jusqu'en 1866 — voici quelques chiffres que je peux indiquer. En 1875, la moyenne, dans toute l'année, a été de 212 fr. les 100 kilos. Je donne, bien entendu, les chiffres français. En 1876, elle était de 200 fr., en 1878, de 168 fr.; en 1882, il y a eu une hausse, le cuivre avait remonté, il était à 179 fr. 35, et c'est, comme je vous l'indiquais tout à l'heure, sous certains efforts, peut-être sous l'influence de marchés à découvert, comme on l'a dit, je n'en sais absolument rien, que depuis 1885 la baisse a persisté en s'accentuant, et que finalement le cours du cuivre, qui était de 212 fr. en 1875, a fléchi jusqu'à 108 fr. 70.

La chute était considérable. Aussi, lorsque cette hausse de 1887 s'est produite et qu'elle a eu, il faut le dire, pour effet — je ne recherche pas en ce moment la cause — de doubler le prix du cuivre, il en est résulté évidemment une certaine surprise, et, à ce moment, ceux qui avaient des affaires engagées ont pu les croire peut-être en péril ; mais, si nous rapprochons le chiffre de 1887 du chiffre de 1875, et même de 1882, nous voyons que s'il y a lieu une très forte hausse, en définitive, les cours primitifs n'ont pas été dépassés.

M. WICKERSHEIMER. Ce n'est pas la question !

M. LE MINISTRE. Je n'ai pas, vous le voyez, l'intention de me dérober à la question, et j'y répondrai le mieux que je le pourrai ; seulement, je tiens à rappeler ce qui s'est passé en 1887, et il me semble qu'avant de se prononcer — soin que je laisse à la Chambre — il convient de préciser les faits. (Très bien ! très bien !)

A partir du commencement de cette année, après cette hausse que certains esprits ont pu craindre de voir s'aggraver encore, il s'est produit un mouvement en sens contraire : le prix du cuivre a baissé de semaine en semaine, et chaque jour la baisse s'est accentuée.

C'est ainsi que dans la seconde semaine de janvier, le cours était de 220 fr.; le 27 janvier, de 197 fr. 50 ; et, si mes renseignements sont exacts, il est aujourd'hui de 187 fr. 50.

A ce taux, il est dans les conditions où on l'a vu pendant plusieurs années, il y a sept ou huit ans. Tels sont les faits.

Maintenant, quelle est l'origine de la hausse ? Sur ce point, la Chambre comprendra que je dois me montrer très réservé. J'ai écouté les explications de l'honorable M. Laur ; j'en ai entendu d'autres : je puis les résumer en quelques mots.

Certaines personnes ont prétendu qu'il y avait eu coalition — vous voyez que j'arrive au point précis signalé par M. Laur — que des sociétés, des maisons de commerce s'étaient entendues pour accaparer les cuivres à l'effet de se rendre maîtresses du marché français et de pouvoir les revendre au prix qu'elles voudraient.

D'autres ont prétendu que c'était par le jeu naturel de certains faits économiques et financiers que la hausse s'était produite.

Je ne veux pas juger ; je n'ai pas à prendre parti entre ces deu x opinions — il y a peut-être du vrai des deux côtés. — Mais voici le point sur lequel j'appelle l'attention de la Chambre. Y a-t-il ou n'y a-t-il pas eu accaparement dans le sens de la loi ? Telle est bien la portée de la question qui m'a amené à cette tribune.

M. Laur me disait tout à l'heure : Est-ce qu'il n'y a pas dans le code pénal certain article qui vise et réprime des coalitions de cette nature ? Et notre honorable collègue ajoutait que, dans l'exposé des motifs d'une proposition de loi, présentée il y a trois ou quatre ans au Sénat, on avait soutenu cette thèse que l'article en question devait être considéré comme tombé en désuétude, afin de faciliter dans une sage mesure la liberté du commerce.

Je suis bien obligé de reconnaître, et je reconnais qu'à mon sens — c'est une opinion personnelle que j'émets — ceux qui ont cru pouvoir soutenir que l'article 419 était tombé en désuétude se sont trompés. (Très bien ! très bien !) Je ne crois pas que nos lois tombent ainsi en désuétude ; et lorsqu'il arrive, pour tel ou tel texte de nos lois pénales, qu'on n'a pas eu l'occasion de l'appliquer depuis un certain temps, il ne faut pas en conclure qu'il n'est plus applicable. Très bien ! très bien !)

Mais laissez-moi dire qu'avant d'appliquer un article du code pénal il faut être bien certain du terrain sur lequel on s'aventure, et qu'en matière de spéculation — puisqu'on a prononcé ce mot — quand il s'agit d'opérations commerciales, quand on est en présence de variations de cours sur les denrées et marchandises publiques, il faut montrer une extrême prudence, et il serait téméraire de déclarer, en se tenant aux apparences, qu'un fait de cet ordre est délictueux. (Très bien ! très bien !)

Mais ce que je puis et dois affirmer en ce moment, c'est qu'il existe un article du code pénal qui réprime l'accaparement dans des conditions déterminées, et que cet article peut être appliqué, quelle que soit la nature de la marchandise accaparée.

Ce n'est pas la première fois que nous assistons a des fluctuations semblables. Vous vous rappelez qu'à certaine époque, qui n'est pas très éloignée, des spéculations ont été faites sur les graines, sur les huiles, sur les cafés, sur les laines, sur les sucres ; vous connaissez ces faits mieux que moi. Eh bien, je n'hésite pas à déclarer, à reconnaître, sans vouloir restreindre mes observations uniquement à la question du cuivre, — car il me semble que les circonstances m'imposent une très grande réserve, cette question ne pouvant pas aboutir devant le Parlement à une conclusion pratique, — je n'hésite pas à déclarer, dis-je, que l'article 419 existe et que si on se trouvait en face d'une coalition ayant pour objet l'accaparement absolu d'une marchandise française, à l'effet de se rendre maître du marché intérieur de certaines denrées ou de certains produits, les tribunaux sont là, et la loi serait appliquée. (Très bien ! très bien !)

***

Tel fut le débat, un an avant la catastrophe.

En intervenant à la Tribune française, en plein triomphe du syndicat des cuivres, nous n'avions point la prétention d'arrêter son essor. Nous voulions seulement prévenir le pays et ceux qui se ruaient inconsidérement à la spéculation derrière les grands meneurs.

Nous poursuivions un but plus sérieux encore, celui de connaître sur l'application possible de l'article 419 (que tout le monde déclarait tombé en désuétude), l'opinion du gouvernement.

La réponse de M. FALLIÈRES nous satisfit entièrement. L'article 419 était vivant. Cela suffisait.

Il n'y avait hélas ! qu'à laisser faire ces lois économiques inexorables que nous avions invoquées à la tribune.

Edmond THÉRY a admirablement décrit les raisons techniques de la chute du syndicat Secrétan sans y faire entrer aucune des causes qui sont aujourd'hui du domaine des choses privées et sur lesquelles on nous permettra par délicatesse, de ne point nous appesantir quelqu'envie que nous en ayions.

C'est à la fin de 1887 (27 Octobre), que fût fondée au capital de 25 millions de francs, la SOCIÉTÉ INDUSTRIELLE et COMMERCIALE des MÉTAUX, pour l'exploitation des Usines Métallurgiques apportées par MM. J.-J.-LAVEISSIÈRE et fils, et par M. Eugène SECRÉTAN, celui-ci agissant comme liquidateur de la Société Métallurgique du Cuivre, qu'il avait créée le 10 décembre 1880 avec les divers établissements métallurgiques qu'il possédait déjà.

On pensait en 1882, comme on le pense aujourd'hui, que les nouveaux besoins de la consommation allaient excéder la nouvelle production des mines : ce fut une première erreur, car sous la double influence du développement des mines américaines et de la réduction des frais de production, le prix du cuivre ne cessa de baisser pendant les quatre années suivantes :

Production universelle et prix moyen du Cuivre entre 1882 et 1886

Années —	Production universelle --	Prix moyen annuel de la tonne à Londres			Prix du quintal fin décembre au Havre
		liv.	sh.	d.	
1882	181.000	67	0	6	172 fr.
1883	199.000	63	8	9	151 »
1884	220.000	54	15	6	127 »
1885	225.000	44	1	6	110 »
1886	217.000	40	6	0	103 »

En 1880, la production chilienne tenait la première place, puis venait celle de l'Espagne et du Portugal, et, en troisième ligne, celle des Etats-Unis. En 1881, la Péninsule prit la tête, à cause d'une augmentation de 3.000 tonnes coïncidant avec une diminution de 5.000 tonnes au Chili. En 1882, la production chilienne remonta pour la dernière fois au premier rang, et celle des Etats-Unis, qui allait désormais devenir prépondérante, prit la seconde place. En 1883, les mines américaines donnèrent 21.570 tonnes, contre 23.000 tonnes en 1879, 27.000 en 1880, 32.000 en 1881, et 40.000 en 1882.

Cette augmentation se poursuivit, malgré la baisse progressive du prix du cuivre (61.000 tonnes en 1884, et 74.000 en 1885); mais ce prix étant tombé à 38 liv. 1/2 en 1885, avec un prix moyen annuel de 44 £ 1 sh 6 d. et ce prix moyen annuel ayant même reculé à 40 £ 6 sh. en 1886; la production américaine de 1886 fut ramenée à 70.000 tonnes.

La baisse constante du prix du cuivre, survenue entre 1882 et 1886, était attribuée à la spéculation anglaise; elle avait, en tous les cas, considérablement gêné la Société Industrielle et Commerciale des Métaux et toute l'industrie cuprifère en général, dont les stocks, considérables pour l'époque, se dépréciant d'année en année, rendaient toute entreprise aléatoire. Elle avait également porté un énorme préjudice aux Compagnies Minières, car plusieurs d'entre elles avaient dû suspendre leur exploitation, et c'est en raison de cette double considération, que M.Sécrétan imagina le Syndicat en 1887.

L'objectif de ce syndicat était de relever et de stabiliser le prix du cuivre en proportionnant la production universelle aux besoins de la consommation; de transporter en France le marché de ce métal et de dégager ainsi l'industrie cuprifère française et continentale de l'influence ruineuse de la spéculation anglaise.

Nous laisserons à ceux qui ont vécu dans l'intimité de M. Secrétan le soin d'établir les causes particulières de son insuccès. En nous en tenant aux causes générales, révélées par la statistique des années 1886, 1887 et 1888, nous constaterons simplement que la production de 1887 n'avait été supérieure que de 7.000 tonnes à celle de 1886, mais que le prix de la tonne ayant monté à la fin de 1888, sous l'influence des achats du Syndicat, jusqu'à 85 liv., la production de 1888 augmenta brusquement de 34.000 tonnes, dont 20.000 tonnes pour les Etats-Unis seulement.

Les prix de 1888 ayant oscillé entre 73 et 107 livres sterling, l'industrie continentale ralentit ses demandes, utilisa tous les vieux cuivres qu'elle put trouver; et sous la double influence de l'augmentation des arrivages et de la diminution de la consommation réelle, les stocks visibles de l'Europe, s'élevèrent avec une rapidité inquiétante pour l'avenir du Syndicat.

Au 31 décembre 1887, c'est-à-dire au début des opérations du Syndicat, les stocks visibles de l'Europe en cargaisons flottantes étaient de 42.301 tonnes; mais deux mois plus tard, à la fin de décembre de la même année ils dépassaient 104.000 tonnes.

Ce qui revient à dire que les stocks visibles de l'Europe qui avaient diminué de 20.989 tonnes en 1887, s'étaient au contraire accrus de 61.804 tonnes en 1888. Au commencement de mars 1889; époque à laquelle le Syndicat fut débordé, les stocks visibles dépassaient 120.000 tonnes sur lesquelles 100.000 environ appartenaient au Syndicat.

C'est ainsi que Secrétan et ses amis furent amenés au bord de l'abîme où ils devaient tomber entraînant l'une des principales maisons de banque de Paris et menaçant d'une ruine effroyable tout le marché financier français.

Les événements éclatèrent comme un coup de foudre.

Deux jours avant de se tuer, DENFERT ROCHEREAU me fit appeler au Comptoir d'Escompte. J'ai gardé de cette entrevue un ineffaçable souvenir.

« Je sais, me dit-il, que votre opinion sur le syn-
« dicat des cuivres est irréductible, mais je veux
« vous demander sincèrement si vous pouvez m'ex-
« pliquer, vous qui êtes en dehors de la spéculation,
« vous qui la voyez sous un tout autre angle, d'où
« vient que le métal, dont l'on connaît toutes les
« sources, dont on a limité soigneusement la produc-
« tion, semble, pour ainsi dire, sortir de tous cotés
« en quantités toujours croissantes.

« M. Secrétan avait parlé de 80.000 tonnes à ab-
« sorber, aujourd'hui il en est à 100.000 et il reste,
« dit-on, 25.000 tonnes encore flottantes sur le mar-

« ché ne provenant d'aucune mine connue, d'aucun
« détenteur bien déterminé.

« C'est à croire vraiment — s'écria moitié sou-
« riant, moitié navré, le malheureux directeur du
« Comptoir d'Escompte — à la multiplication des
« Cuivres.

Il éprouvait le besoin, par une plaisanterie de me
cacher son angoisse.

Il était clair, que la lumière se faisait peu à peu
dans cet esprit qu'avait hypnotisé la gigantesque
combinaison de Secrétan et qu'il avait voulu enfin
connaître de la bouche même d'un adversaire avéré,
l'expression sans fard de l'opinion diamétralement
opposée.

Je ne savais pas hélas ! que chacune de mes paroles allait être comme un coup de poignard pour
ce cœur loyal, mais obstiné et peu clairvoyant. Je
lui dis sans détour :

« — Ces 25.000 tonnes dont vous parlez ne sont
« peut-être qu'une fraction de ce que dans le commer-
« ce de tous les métaux l'on appelle le stock in-
« visible.

« Il existe en effet pour toutes les marchandises
« humaines, une quantité réelle cachée sous des
« formes innommées. Plus ces marchandises ont une
« valeur marchande, plus elles sont conservées faci-
« lement par une foule de petits détenteurs sûrs d'en
« trouver la contrepartie en argent au premier be-
« soin. Pour les métaux précieux, cela est très connu.

« Pour le cuivre et ses alliages, il y a dans l'ar-
« rière-boutique de tous les quincailliers, de tous les
« marchands de vieux métaux, chez tous les entrepre-
« neurs, de bâtiments, dans toutes les usines de
« constructions diverses, chez tous les chiffonniers en-
« fin, quelques kilogrammes, ou quelques centaines
« de kilogrammes de métal rouge.

« Tant que les cours sont peu favorables, on garde
« ces petits stocks sans y faire grande attention. On
« ne les vend, je le répète que de temps en temps
« quand ils deviennent encombrants.

« Mais le syndicat arrive, le cuivre double de va-
« leur, il peut baisser, vite, le moment est bon pour
« se débarrasser du petit stock qui maintenant re-
« présente une somme rondelette.

« Et alors, on va chez le fondeur et voilà le stock
« innommé, inexistant, sans valeur la veille, qui se
« présente à vous sous la forme de beaux et bons lin-
« gots qu'il vous faut acheter.

« Vous avez constitué vous même la prime sur le
« métal ; le petit commerce des fondeurs et du fa-
« bricant vous la paie d'une main, mais un autre
« petit commerce, qui est légion, vous la reprend
« d'une autre et vous force à prendre livraison de
« nouvelles quantités de métal.

« — Enfin, à combien estimez-vous ce stock cons-
« titué d'après vous par les infiniments petits ?
« — Je serais dans l'impossibilité absolue de don-
« ner une appréciation quelconque, c'est impossi-

« ble. Ce que l'on peut dire, c'est qu'il apparaît
« déjà comme formant au minimum 20 p. 100 du
« stock visible dans le monde et il clair que tous
« les petits ruisseaux ne sont pas encore arrivés
« à la grande rivière.

La figure de mon malheureux interlocuteur prit
une expression tellement douloureuse qu'instinctive-
ment je ne continuai pas. Je changeai de sujet.

« Du reste, ajoutai-je, M. Secrétan avait déjà fait
« avec l'étain, une première expérience au début
« de 1887. Elle n'a pas réussi m'a-t on dit.

« — Oui, mais les pertes ont été minimes. L'opé-
« ration sur les cuivres est bien plus complète.

« — Sauf les petits ruisseaux sur lesquels vous
« n'aviez pas compté.

« — Sauf les petits ruisseaux répéta-t-il en lais-
« sant tomber ses bras d'un air découragé.

Je le quittai.

Quelques heures après la Russie demandait le
retrait des fonds déposés au Comptoir d'escompte.

Un coup de pistolet retentit.

C'en était fait d'un honnête homme.

L'effondrement eut lieu, engloutissant la Société
des Métaux, la Société auxiliaire des Métaux qui
avait été créée pour appuyer l'opération, la fortune

personnelle de M. SECRÉTAN et le capital du COMPTOIR D'ESCOMPTE. Le prix du cuivre qui était à 80 livres tomba à 35 livres, taux qu'il n'avait jamais atteint.

Mon interpellation du 21 Mars 1889 ne ferait que raviver ici des querelles éteintes. Elle n'apporterait du reste à l'exposé économique que j'ai voulu faire aucune lumière nouvelle.

Je ne veux dire en passant qu'une chose c'est que j'ai été injuste envers M. Rouvier, ministre des finances, dont la rapide intervention, l'autorité extraordinaire sur le monde financier ont sauvé une situation que le syndicat des cuivres avait rendue désespérée.

Il a eu raison de me répondre alors en des termes qu'il est nécessaire de rappeler pour montrer à quelles crises inouïes peuvent amener dans un pays les débordements de la spéculation et de l'accaparement.

M. MAURICE ROUVIER, ministre des finances. J'ai fait appel au Gouverneur et aux régents de la Banque ainsi qu'aux directeurs des principaux établissements de crédit de Paris, et, dans la nuit du jeudi 8, j'ai eu la bonne fortune de faire partager mon sentiment aux personnes que j'avais convoquées. Une première souscription de 100 millions a été réalisée séance tenante.

L'opération était la suivante : La Banque de France escomptait jusqu'à concurrence de 100 millions le papier présenté par le Comptoir d'Escompte. Sur ces 100 millions, 80 étaient avancés par la Banque, 20 par divers établissements de crédit et des banquiers. En échange de cette avance, la Banque devait se saisir d'un ensemble de garanties, — portefeuille, warants et autres,— représentant une somme plus élevée que celle qui était avancée. Il était d'ailleurs entendu, il a été écrit et signé que, si une perte résultait de cette opération, les premiers 20 millions de perte seraient supportés, non pas par la Banque, mais par les établissements et capitalistes qui avaient donné leur garantie pour cette somme de 20 millions.

La Chambre voit bien comment peut se liquider cette opération. La Banque et les établissements dont je parle ont avancé 100 millions. A l'heure qu'il est, la Banque s'est matériellement saisie, elle a pris possession des garanties qui formaient la contre-partie de cette avance, et si une perte survient, jusqu'à concurrence de 20 millions, la Banque ne perd rien ; ce sont les établissements de crédit, ce sont les banquiers, pour lesquels M. Laur est si dur, qui paieront les 20 millions.

A droite. — Et au-delà ?

MONSIEUR LE MINISTRE. Les comptes-courants, les dépôts à vue, l'ensemble des exigibilités du Comptoir s'élevaient à une somme considérable : elle dépassait les 100 millions qu'on mettait ainsi à sa disposition. Mais il était permis d'espérer, à ce moment-là, que l'intervention de la Banque, annoncée, publiée dès le lendemain, le maintien des paiements à bureaux ouverts, allaient calmer la panique des déposants, et que cette somme de 100 millions serait suffisante. Malheureusement il n'en a pas été ainsi ; la panique ne s'est pas calmée : les déposants se sont présentés en aussi grand nombre après l'opération que je viens d'indiquer qu'avant, et le Comptoir d'Escompte a dû rembourser des sommes extrèmement élevées.

C'est ainsi que j'ai été informé samedi dernier, qu'il y avait encore 20 ou 25 millions, peut-être davantage, qui pouvaient être réclamés au Comptoir d'Escompte, et que, bien que le Comptoir eût encore dans son portefeuille, dans ses caisses, ou en cours de voyage, venant de ses succursales, des sommes supérieures au montant de celles qui pouvaient être réclamées par les déposants, par les créanciers en compte-courant, il était encore à craindre que les paiements ne fussent suspendus et qu'ainsi le bénéfice de la première mesure ne fut perdu, anéanti.

Il faut que la Chambre, pour juger, se mette en présence de la situation du marché de Paris, qu'elle connaisse l'étendue des dépôts qui existent dans les divers établissements de crédit, et qui peuvent être réclamés du jour au lendemain.

Il y avait, — je ne sais pas quel est le chiffre exact aujourd'hui, — mais, il y a quelques jours seulement, il y avait dans les divers établissements de crédit de Paris, sans compter la Banque de France, payable à vue ou à un très petit nombre de jours de préavis, pouvant être réclamé, soit immédiatement soit dans cinq ou sept jours, il y avait, dis-je, 1 milliard de dépôts.

J'ai pensé que si les guichets du Comptoir d'escompte se fermaient, alors que la Banque était venue à son aide, alors que ce vieil établissement, dont le crédit était si solide jusque-là, avait reçu un concours que d'autres pouvaient peut-être ne pas espérer, il était à craindre que la panique, qui avait poussé dans le hall du Comptoir tous les déposants, ne s'étendit, ne s'aggravât, et que les divers établissements dont je viens de parler, assaillis par leurs déposants, ne fussent mis en demeure de rembourser des sommes qui, quel que soit leur crédit, quelles que soient leur solidité et la richesse de leurs réserves, sont toujours difficiles à rembourser dans un délai de 24 ou 48 heures.

Il m'a paru qu'il fallait faire un pas de plus. J'ai donc fait de nouveau appel à la Banque de France.

J'ai aussi fait appel non plus seulement aux directeurs des établissements de crédit mais aux agents de change aux capitalistes, aux grands industriels, et j'ai réussi à obtenir d'eux qu'une nouvelle avance de 40 millions serait faite au Comptoir d'Escompte.

Je disais tout à l'heure que l'administration de cet établissement prévoyait qu'elle pouvait avoir besoin d'une somme de 25 à 30 millions ; on a pensé qu'en allant au-delà de ce chiffre en faisait une opération dé-finitive et qu'on mettait le Comptoir d'Escompte à l'abri d'une faillite.

Grâce au secours de la Banque qui a bien voulu faire l'opération en compte commun avec les personnes que je viens d'indiquer qui sont au nombre de 30 ou 40, cette seconde opération a pu s'accomplir. Les 40 mil-lions ont été mis à la disposition du Comptoir d'es-compte, et, à l'heure qu'il est, il m'est permis de dire que nous avons la certitude que les guichets du Comp-toir ne seront point fermés.

M. Laur peut apprécier avec sévérité l'interven-tion du ministre des finances ; quant à moi, je ne sais pas si je suis sorti de mon droit, mais il me sera permis de dire que je pense avoir rempli mon devoir. (*Très bien ! très bien ! au centre.*)

La Chambre donna du reste à mon interpellation la sanction que je demandais. M. MILLERAND, d'accord avec moi, intervint. Il demanda le vote d'un ordre du jour ainsi conçu :

« La Chambre invite le Gouvernement à faire « ouvrir immédiatement une information judiciaire « sur les faits d'accaparements et passe à l'ordre « du jour. »

Mais tout le monde se rallia à un ordre du jour

de MM. Maurice Faure, Deandreis, Thomson et Arène accepté par le Gouvernement et ainsi conçu :

« La Chambre, convaincue que le Gouvernement
« prendra les mesures nécessaires pour rechercher
« les responsabilités encourues et assurer le respect
« de la loi passe à l'ordre du jour »

Il fut adopté à la majorité de 329 voix contre 212 sur 551 votants.

On connaît l'épilogue de ce terrible drame économique. Secrétan condamné (on trouvera le texte du jugement en annexe) subit sa peine et aussitôt libéré se remit au travail. Il vient de mourir après avoir légué à son pays une grande industrie celle de la fabrication des tubes en cuivre par l'électrolyse. Le siège de ces admirables usines est à Dives (Calvados).

On ne pouvait plus noblement terminer une carrière traversée par de douloureuses épreuves mais non sans grandeur.

*
* *

En résumé, au point de vue économique qui nous occupe, que doit-on conclure de l'essai d'accaparement des cuivres dont la France a été le théâtre ?

Ces accaparements sont-ils trop gigantesques, portant sur une marchandise de grande valeur et constituant de trop grands stocks dans le monde pour pouvoir réussir ?

Non, répondrons-nous le « trust » du cuivre s'est réalisé en 1899 sous la haute direction du fameux Rockfeller. La société de The Amalgamated Copper C° au capital de 375 millions a conduit le marché jusqu'à ces derniers jours avec un rare bonheur. Mines et usines, matière première et ouvrée sont réunies, notre théorie se vérifie une fois de plus.

Le retour des combinaisons gigantesques comme celle de Secrétan est donc possible et toutes les nations peuvent en souffrir même celles qui ne seraient pas le siège de l'accaparement.

Ici se pose une question importante.

En 1899 la France a pu, grâce à son Code pénal punir un délit qui avait été commis en France. Mais supposons que le fait se passe en Amérique, nous serions forcés de subir la loi des américains sans pouvoir dire un mot.

Qu'on nous permette de nous répéter.

C'est là ; on le voit, qu'éclate la nécessité de recourir à une législation internationale spéciale (*dont nous parlerons dans notre conclusion*) *à une sorte de Défense nationale* des sociétés contre l'accaparement universel à la troisième puissance.

Nous allons voir du reste, dans un accaparement total ignoré mais existant et fonctionnant dans le monde entier, un dernier exemple frappant de ce que peut la concentration industrielle poussée à ses dernières limites.

IX

Un Accaparement

International triomphant

UN ACCAPAREMENT INTERNATIONAL TRIOMPHANT

Si les vastes accaparements internationaux comme celui du cuivre n'ont servi qu'à amonceler des ruines et si celui de l'*Amalgamated Copper Cⁱ* n'est pas terminé, il est de notre devoir de montrer que pourtant l'entreprise n'est pas toujours chimérique.

Quant elle est bien conduite comme celle de MM. de ROTHSCHILD pour le Mercure, en se bornant à une matière première rare ou bien localisée, l'accaparement international peut réussir. Nous avons promis à nos lecteurs un exemple topique. En voici un tout récent :

Le 3 Février 1899, nous avons adressé à la Chambre la Pétition suivante.

Messieurs les députés,

J'ai établi dans une étude récente que pour qu'il y eut accaparement véritable et punissable d'une denrée il fallait que la coalition put défier par son *internationalité* les législations douanières impuissantes dès lors à attirer ou retenir par des tarifs combinés la dite denrée dans le territoire d'une nation déterminée.

L'exemple d'un accaparement international a peu près complet n'existait pas jusqu'à ce jour, croyons-nous.

Nous venons vous en signaler un :

Il s'agit d'un produit indispensable à l'industrie hucéramique, dans la métallurgie, dans la verrerie, la maine, le Borax, très employé comme fondant dans la teinture, la fabrication des bougies, des tissus incombustibles, etc. etc. C'est enfin une des sources de l'acide borique si nécessaire à l'hygiène publique.

La combinaison suivante est préconisée dans le but d'accaparer dans une seule main les six à sept millions de kilogrammes de borax que produit le monde par an.

Une Société anglaise, en effet, sous le nom de *Borax Consolidated*, réunit en une seule Société, toutes les entreprises de Borax de l'Ancien et du Nouveau Monde. Les principaux adhérents de cette combinaison, sont : la *Société Lyonnaise des Mines et Usines de Borax*, Société parfaitement honorable qui va entrer en liquidation pour réaliser la fusion avec la *Borax Consolidated*. Viennent ensuite la Borax Cy. de Londres, la Maison Mear et Green, la Pacifique Borax and Redwood's Chemical Works, ainsi que toutes les Mines du Chili.

La *Borax Consolidated* qui va monopoliser l'industrie des produits du bore, est une Société anglaise au capital de 1.400.000 £ (35 millions de francs). Il est, en outre, créé un capital-obligations de 1 million de livres (25 millions de francs) sur lesquelles 800.000 £ sont actuellement émis, et 200.000 £ réservées en vue de l'avenir. Cette vaste combinaison met, en somme, en jeu un capital de 60 millions de francs.

La *Borax Consolidated* aura son marché à Londres où se fait la souscription de son énorme capital par les soins d'une maison très honorable Glyn Mills, Currie et Cie.

Loin de nous la pensée de critiquer une opération financière parfaitement honorable ni de blâmer aucun des coparticipants.

Mais il y a lieu pour le principe, de mettre une fois le Parlement français, les Parlements des autres pays et le monde de la consommation en présence d'un accaparement nettement caractérisé, fait au grand jour avec une grande loyauté et sans contestation possible croyons-nous.

Il y a lieu de faire envisager aux gouvernements respectifs la hausse certaine d'un produit indispensable à l'industrie humaine et cela sans que la « libre concurrence » dont parle l'article 419 de notre code puisse régulariser les cours qui seront ce qu'il plaira à la magnanimité de la *Borax Consolidated.*

Au point de vue français, cette cession volontaire d'une industrie (qu'ont illustrée les Desmazures et les Payen) à un syndicat anglais et le transport définitif à Londres d'un grand marché ont quelque chose de fâcheux pour notre renom industriel et pour notre orgueil national.

Cela ne suffirait pas cependant pour déterminer une intervention des pouvoirs publics si pour la première fois le caractère complet, absolu, international, de l'accaparement n'apparaissait, croyons-nous bien nettement.

En conséquence, nous demandons aux ministres compétents d'agir, si cela est possible, dans les limites de leurs pouvoirs et au Parlement de prendre l'initiative de l'étude d'une législation internationale sur les accaparements.

Paris, le 3 février 1899.

Francis Laur

Quelques jours après nous étions à même de compléter nos renseignements et nous publiions dans « l'Echo des Mines et de la Métallurgie » les lignes suivantes :

Nous sommes à même de compléter nos renseignements sur l'accaparement du borax. La *compagnie Lyonnaise du Borax* n'y verra pas, nous en sommes sûrs une hostilité de notre part mais simplement la nécessité de traiter une question plus haute que celle qui touche à des intérêts privés.

L'histoire des accaparements que l'on fera un jour, (nous avons tenu parole), a besoin d'un document aussi probant et aussi complet que celui que nous lui soumettons.

Voici exactement les usines réunies dans une seule main. La Compagnie *Borax consolidated* possède ensemble environ 10 sources de borate brut. *The Pacific Borax and Redwood's Chemical Works, Limited*, apporte à la nouvelle société quatre dépôts de borate, deux en Californie, un dans le Nevada et l'autre dans l'Orégon (ces propriétés contiennent environ 31.000 acres) et aussi la raffinerie d'Alameda dans la Baie de San-Francisco ; ceux de Bayonne, New-Jersey ; et la raffinerie anglaise de Belvedere, Kent. La *San Bernardino Borax Mining C* de Californie entrera aussi dans la nouvelle société.

Messieurs *Mear et Green* apportent la raffinerie de Kidsgrove, Staffordshire, la raffinerie et fabrique de produits chimiques connues sous le nom de « *Wesne Chemical Works* » à Connah's Quay. *La Société Lyonnaise des Mines et Usines de Borax et The Borax C*

Ltd, apportent les mines de borate du Vilayet de Khudavendghar (Asie Mineure) près du port de Panderma, mer de Marmara avec une concession du gouvernement turc pour 99 ans du 1ᵉʳ octobre 1899 ; la superficie est de 2.440.000 mètres carrés ; et aussi les dépôts de Karassi (Asie Mineure) avec une concession du gouvernement turc pour 50 ans de Juin 1897 ; puis enfin trois raffineries, une à Maisons-Lafitte près Paris, une à Lyon et une à Vienne. Des compagnies chiliennes et Péruviennes apportent également sept mines de Borate et trois usines. Les mines du Chili sont celles d'Acostan, Carcote, Cocapilla, Iquique et Chilicolpa près de Tacna. Le Pérou fournit les dépôts de Arequipa. En plus de ces propriétés qui sont toutes plus ou moins exploitées, la nouvelle Société a obtenu des options de diverses mines de borate de l'Amérique du Sud.

On le voit l'accaparement ne peut pas être plus complet ni plus éclatant.

Voilà ce que nous disions il y a un an environ.

Et pour convaincre nos lecteurs de la réalité de cette opération, aujourd'hui terminée, nous tenons à reproduire l'avis suivant inséré dans un des journaux d'annonces légales de Lyon en date du 6 Décembre 1899.

Société Lyonnaise des Mines et Usines de Borax

— EN LIQUIDATION —

Les obligataires de la Société Lyonnaise des Mines et

Usines de Borax sont informés que leurs titres seront remboursés à partir du 2 janvier prochain, à raison de 100 francs par obligation, plus le coupon de 4 francs échu le 1er janvier, soit au total 104 francs, contre présentation des titres, qui seront annulés.

Ce remboursement s'effectuera aux caisses suivantes :

A LYON, chez MM. JACQUIER FALCOUZ & Cie, banquiers, 4, rue de la Bourse ;

A la BANQUE PRIVÉE, 41, rue de l'Hôtel-de-Ville, et dans sa succursale de MARSEILLE et de ses agences de VILLEFRANCHE, TARARE ET THIZY.

Toutefois, sur la demande des liquidateurs il a été réservé aux porteurs la faculté d'échanger leurs titres contre les obligations 4 1/2 % de la Borax Consolidated, pourvu qu'ils en fassent la demande au siège social à Londres, avant le 16 courant.

Ces obligations ont une première hypothèque sur tous les biens présents ou futurs de la Société. Elles rapportent un intérêt de 4 1/2 %, payable par semestre le 1er janvier et le 1er juillet supérieur de 1/2 % à celui des anciennes obligations de la Société Lyonnaise des Mines et Usines de Borax, et sont remboursables à partir de 1960 au pair, ou, dans le cas d'amortissement anticipé, à partir du 1er janvier 1900, au prix de 110 % c'est-à-dire avec une prime de 10 %.

Les obligations étant au capital nominal de 20 livres ou 500 francs, seront échangées dans la proportion d'une obligation consolidated, jouissance 1er janvier 1900, contre 5 obligations de 100 francs de la Société Lyonnaise des Mines et Usines de Borax, coupon au 1er janvier détaché.

Les Liquidateurs

N.B. — Pour tous renseignements complémentaires,

s'adresser au siège de la liquidation, 20, rue Mulet, à Lyon.

Enfin, voici l'épilogue :

La Chambre vient de statuer sur notre pétition par le document suivant :

M. PAUL NARBONNE, *rapporteur*.

PÉTITION n° 554.

M. *Francis Laur*, ancien député, à Paris, dénonce l'accaparement du borax par une société anglaise.

MOTIFS DE LA COMMISSION. — Le pétitionnaire expose qu'il vient de se constituer, sous le nom de « Borax Consolidated », une société anglaise qui réunit en une seule toutes les entreprises de borax de l'ancien et du nouveau monde.

Il ajoute que « jamais pareil exemple d'accaparement international complet n'avait été donné ».

Il demande enfin aux ministres compétents d'agir, si cela est possible, dans la mesure de leurs pouvoirs et au Parlement de prendre l'initiative de l'étude d'une législation sur les accaparements qui vont devenir de plus en plus menaçants dans l'industrie moderne centralisée.

La Chambre a déjà entendu les plaintes réitérées de la viticulture sur les accaparements du sulfate de cuivre à l'intérieur même des usines de soufre, et il est certain que si, dans le cas particulier signalé par M. F. Laur, l'action gouvernementale et la sanction pénale sont difficiles à déterminer il n'en est pas moins absolument nécessaire et urgent d'appeler l'attention du Gouvernement et de la Chambre sur cette question si grave et qui demande un prompt remède. En conséquence, la 5e Commission est d'avis de renvoyer la pétition de M. Francis Laur à M. le Président du Conseil. (*Renvoi au Président du Conseil, Ministre de l'Intérieur.*)

La parole est donc, en l'état à M. Waldeck Rousseau.

Pour lui faciliter la tâche, nous lui dirons que le jugement du Tribunal, qui a statué dans l'affaire Secrétan, a invoqué la loi de 1790 sur la liberté du Commerce et de l'Industrie, pour déclarer nulles toutes les conventions de la Société des Métaux avec les Mines étrangères. La même chose peut donc être faite pour la « Borax Consolidated. »

*
* *

Il n'y a pas lieu évidemment d'attacher une trop grande importance à cet exemple. C'est un accaparement qui nécessite seulement soixante millions de francs pour être mis en œuvre, mais il rentre dans la catégorie de ceux qui laissent la collectivité complètement désarmée, car il porte sur la matière première et ouvrée et il est universel.

A dire toute notre pensée, nous ne craignons pas beaucoup ces accaparements à grand orchestre dont les journaux font étinceler les centaines de millions de dollars, surtout quand ces accaparements portent sur des matières très employées et d'un prix relativement élevé. Cela a toujours une mauvaise fin, mais il est une foule de matières premières de second rang comme importance quoique de première nécessité qui, aujourd'hui sont l'objet d'une recherche très intelligente de la part de certains capitalistes cosmopolites. Le Jute, par exemple, a été l'objet d'opérations récentes, le Nickel un instant, a été dans des mains bien connues etc...

Il y a de longues années que le Mercure ne fait plus l'objet d'un commerce proprement dit et qu'il est vendu suivant le bon plaisir d'une seule maison.

On pourrait presque dire que plus une matière utile est rare, plus elle doit tenter les accapareurs parce que l'opération peut se faire sans bruit et sans risques personnels.

Je prétends que ce sont précisément ces accaparements facilement triomphants que les pouvoirs publics doivent surveiller particulièrement car ce que j'ai appelé les accaparements à grand orchestre finissent presque toujours mal, sauf quand ils sont conduits par des sages. Nous revenons donc encore une fois à notre conclusion. Une législation internationale est nécessaire car il est certain que sur tout ce qui est nouveau comme moyen industriel, sur tout ce qui peut se centraliser facilement, le capital essaiera de plus en plus de prélever une dîme.

Les placements de capitaux deviennent, en effet, de plus en plus difficiles.

Les accaparements, on le voit sont aussi un des résultats de l'abaissement du taux de l'argent dans le monde.

X

Deux Accaparements légaux

X

DEUX ACCAPAREMENTS LEGAUX

On ne se doute pas généralement que la loi autorise l'accaparement c'est-à-dire le monopole dans certains cas.

Le brevet d'invention en est un exemple frappant

Tout brevet constitue, en effet, un véritable monopole légal qui peut-être rendu international, universel par la prise du brevet simultanément dans toutes les parties du monde.

Un procédé peut donc être, pendant un temps déterminé, la propriété exclusive de celui qui l'a découvert ou d'une coalition de quelques personnes voulant exploiter ce procédé.

Le produit ou la matière obtenus par l'invention nouvelle est ainsi la propriété exclusive de l'inventeur ou de son groupe pendant une durée qui peut aller jusqu'à dix-sept années suivant les législations.

Tout brevet peut alors aboutir à une concentration industrielle et son titulaire peut imposer les conditions qui lui plaisent à la clientèle car la loi le place à l'abri de la libre concurrence en créant en sa faveur un privilège.

Il y a eu à cet égard des discussions passionnées. Convient-il, a-t-on dit, dans l'état actuel de la civilisation, que la loi porte atteinte à la liberté du travail, en vue de protéger un citoyen d'une façon particulière ?

Le travail d'invention doit-il donc être rémunéré par des procédés artificiels disait Michel Chevalier. Et il concluait à la négative.

Pourquoi condamneriez-vous un commerçant ayant accaparé une marchandise, disait un légiste, alors que vous autoriseriez un inventeur à faire la même chose ? Est-ce parce que le premier est moins intelligent que le second. Qu'en savez-vous ?

L'argument est spécieux, on le voit et il est bon à reproduire, pour montrer au législateur qu'il ne faut pas exagérer la gravité du délit d'accaparement, puisque la loi l'autorise dans une certaine mesure.

Certes, la loi a bien fait, croyons-nous de protéger l'inventeur, non pas pour l'inventeur lui-même quelqu'intéressant qu'il soit, mais pour conserver, pour répandre, pour encourager « l'esprit d'invention », sans lequel l'humanité resterait inerte et sans progrès.

Bref, la question est tranchée, la loi de 1844, le Congrès de la propriété industrielle ont statué, il n'y a qu'à s'incliner, mais la contradiction existe quand même, ne serait-ce qu'au point de vue de ce principe d'égalité qui est la plus forte racine poussée par la Révolution dans le sol du droit français.

*
* *

Aussi, dans la course au monopole qui semble devenir une frénésie à l'heure actuelle, le brevet ne pouvait échapper aux convoitises de la spéculation et des accapareurs.

Certaines grandes maisons comme la maison Rothschild recherchent les brevets, à leur origine, désintéressent plus ou moins bien l'inventeur et lancent l'invention dans des conditions beaucoup plus favorables que ne pouvait le faire l'inventeur lui-même sans capitaux. Il n'y a pas de temps à perdre en effet, car on n'a devant soi que quatorze ans environ.

Là, on le voit, ce n'est plus l'inventeur qui bénéficie du monopole que la loi lui a accordé, ce sont des tiers qui n'ont aucun droit. Ce n'est plus « l'esprit d'invention » qui est conservé, encouragé et si un accaparement se produit dans les conditions, en quoi diffère-t-il beaucoup de ceux que punit la loi ?

Mais, il est loyal de reconnaître que beaucoup d'inventions, grâce à cette recherche du monopole par les capitalistes, sortent ainsi du néant où l'inventeur pauvre les aurait probablement laissées.

On va voir par quelques exemples que les brevets

peuvent donner lieu à des trusts fort peu édifiants cependant.

M. Charles E. EDGERTON dans le « Political science quaterly » de Juin 1897a raconté l'histoire du « Wire Nail association. »

C'est un M. John H. PARKS de Boston qui en a été le héros. Les clous ou wire-nails étaient en 1895 fabriqués par des machines brevetées appartenant soit à de grands producteurs, soit à des inventeurs qui leur avaient cédé leurs droits de propriété. Ces machines étaient les plus perfectionnées à cette époque on les accapara par toutes sortes de moyens, puis on fit une gigantesque hausse pendant dix huit mois, c'est a dire sous le coup de la première surprise et avant qu'on ait pu construire d'autres machines. M. Parks convaincu que des procèdés nouveaux pouvaient anéantir sa combinaison, dans un temps déterminé liquida à temps et le pool fondé sur la propriété des brevets d'invention gagna une somme énorme, laissant ensuite le marché s'effondrer.

Le trust des cigarettes a été une véritable entente permanente de l'American Tobacco Company. Cette compagnie s'était assuré par des contrats ou par des achats intelligents, les meilleures machines à fabriquer les cigarettes, mais elle avait à lutter contre des sociétés concurrentes qui achetaient à coup de dollars les brevets nouveaux, notamment la machine Elliot au prix de douze millions 500.000 francs! Une « anti-trust cigarette-factory » (manufacture de la

cigarette anti-trust) a entamé également le duel,
mais la tobacco company reste toujours la plus forte
parce qu'elle achète toujours les meilleurs brevets.

Rien là du reste de délictueux à mon avis.

Pour le caoutchouc un trust a eu lieu également,
basé sur l'achat des meilleures marques de fabrique.

On est en train de former en ce moment un gigantesque « Piano trust » basé sur les meilleures cordes
brevetées ou un organe quelconque.

En résumé, le brevet offre une matière tentante
pour la spéculation, il n'y a pas échappé mais nous
avouons que nous n'y voyons pas une grande atteinte
aux droits de la collectivité.

En vertu de la jurisprudence que nous avons proposée, il ne s'agit pas non plus de matières premières
et comme ces brevets, ces machines, sont destinées à
fournir de la matière ouvrée, non susceptible, d'après
nous de donner lieu à des accaparements condamnables, il n'y pas lieu de légiférer spécialement à
propos de l'accaparement à l'aide du brevet.

*
* *

Il est un autre accaparement, sanctionné par la loi,
qui provoquera probablement quelque surprise parmi nos lecteurs quand je l'aurai spécifié clairement.

Il faut avoir la loyauté de le signaler.

C'est le droit de grève. Expliquons-nous :

Le travail est une marchandise au même titre que toutes les autres, c'est même une matière première par excellence, et de première nécessité, puisque c'est de l'énergie au même titre que la chaleur la lumière, le charbon qui donnent lieu aux plus grandes transactions commerciales.

Cela dit, ayons présents à l'esprit les termes de l'article 419.

Une grève est « une réunion ou coalition entre les « principaux détenteurs d'une même marchandise (le « travail) tendant à ne pas la vendre ou ne la « vendre qu'un certain prix. »

On peut dire aussi que parfois, par des voies et des moyens pas toujours persuasifs, « la grève opère « la hausse ou la baisse des prix de la marchandise « (travail) au dessus du prix qu'aurait déterminé la « concurrence naturelle et libre du commerce. »

Les trois conditions que j'ai posées pour qu'il y ait accaparement se retrouvent.

La coalition est évidente. Il s'agit en outre d'une matière première de première nécessité, comme nous venons de le dire.

La troisième condition manœuvres, intention de nuire apparaît enfin toutes les fois qu'il y a menaces, atteinte à la liberté du travail, attentat contre les propriétés.

Il serait donc possible de traiter une grève comme un simple accaparement et de lui appliquer l'article

419, même quand il n'y aurait pas de délits de droit commun.

Mais les lois spéciales ont institué le droit de grève. La force publique est mise au service de ce droit. On a — il faut le reconnaître aussi — créé un privilège pour le *vendeur de travail* comme pour *l'inventeur.*

Ce n'est pas ici le lieu d'indiquer quelles sont les raisons multiples qui ont déterminé le législateur. C'est un fait, mais on peut dire que la situation précaire de l'ouvrier marchand de main-d'œuvre, talonné par la faim, sans lendemain assuré, a toujours paru spéciale à ceux qui sont chargés d'appliquer le grand principe démocratique qui plane au-dessus de nos lois, principe qui poussait la Convention à punir de mort l'accapareur de blé. On pourrait le résumer d'un mot en disant que : La Société a pour premier devoir d'assurer ses membres contre la faim.

Elle soustrait au droit commun les délinquants qui sont poussés par le besoin réel.

Mais il n'y a pas à se le dissimuler les temps changent, la Société remplit tous les jours davantage ce grand devoir envers le peuple. La situation des marchands de main-d'œuvre protégée par les caisses de retraites, par la loi sur les accidents, par les mille prescriptions du contrat de louage, du droit de grève, des usages locaux, par une sorte d'émulation pour le bien, entre certains patrons —

cette situation est devenue tout autre en un 1/2 siècle seulement.

Alors, en face de la CONCENTRATION INDUSTRIELLE dont ce livre a pour but de montrer les débuts et la puissance, s'est dressée la CONCENTRATION OUVRIÈRE avec ses syndicats aussi ses « Unions » ses fédérations aujourd'hui nationales, universelles.

Devant l'accaparement des houilles de Westphalie, par exemple, se dresse donc l'accaparement de main d'œuvre des mineurs de la Runr syndiqués agissant sous une impulsion unique eux aussi et prêts à élever puissance contre puissance, car que serait le « Kohlensyndicat » si ses 300.000 mineurs se mettaient en grève ?

L'avouerai-je, les ententes ouvrières ont forcément amené les ententes patronales en ces derniers temps et j'en suis heureux, vraiment, oserai-je-dire, car on en a fini avec ces luttes sans grandeur et sans issue de la petite grève industrielle inconsciente et hargneuse. Le grand duel, par exemple des mécaniciens de la Grande Bretagne syndiqués, d'un côté, avec tous les patrons réunis, de l'autre, a été une lutte épique de neuf mois, qui s'est terminée, cette fois là, par le triomphe patronal, mais qui pourra un autre jour — comme actuellement dans la plupart des grèves — se terminer par une satisfaction donnée aux revendications des vendeurs de travail.

« L'essentiel maintenant, me disait un de nos

« grands maîtres de forges bien connu est que nous
« ayions affaire à des syndicats ouvriers, intelligents
« instruits, pouvant discuter leurs intérêts comme
« par exemple les syndicats dont BASLY et LAMENDIN
« sont en réalité les chefs, dans le bassin du Nord de
« la France et comme il y en a en Angleterre un peu
« partout.

« Lutter, soit, mais lutter à armes égales et in-
telligentes, c'est déjà quelque chose.

*
* *

J'en veux arriver, en constatant l'existence de deux
courants parallèles de concentration industrielle et
de concentration ouvrière (tous les deux légitimes et
respectables) à cette conclusion.

WALDECK-ROUSSEAU, en créant, par la loi sur les
syndicats ouvriers la possibilité la légalité de cette
concentration ouvrière, a, par le fait même, opposé
aux accaparements d'industrie une barrière naturelle
un contrepoids véritable.

Quand le capital gagnera d'une façon excessive,
par l'accaparement, le travail pourra dire avec quelque chance de succès : Part à deux ! car il faut être
deux pour faire, aujourd'hui, de la concentration industrielle. Ce n'est plus l'accaparement classique des
denrées alimentaires par la force de l'argent uniquement.

Dans ces conditions, la loi n'a pas besoin d'être excessive contre l'accaparement industriel. Elle n'a pas besoin de forger de nouvelles armes, l'équilibre est rétabli et l'on ne peut plus dire que le Roi de l'acier et le Syndicat des houilles, par exemple sont les maîtres absolus dans leur domaine, puisqu'ils ont devant eux un rival, aussi faible qu'ils sont tout puissants aussi pauvres qu'ils sont riches, mais qui traite d'égal à égal car il s'appelle « L'ouvrier ».

XI

L'Accaparement minier

———

XI

L'ACCAPAREMENT MINIER

Terminons l'examen des différentes espèces d'accaparement par le seul que des lois spéciales aient prévu ; l'accaparement minier.

On sait quelle importance nous attachons à ce genre d'accaparement, car il s'agit de matières premières par excellence, et de première nécessité, celles du sous-sol.

Elles doivent être protégées plus que toutes les autres, au nom des intérêts de la collectivité, car les richesses minérales ne se reproduisent pas, le soleil ne les revivifie pas comme les richesses du sol.

L'Humanité doit donc les ménager tout en les distribuant avec intelligence à l'industrie, sans en permettre en aucun cas le gaspillage de l'accaparement.

Le droit régalien qui, en matière de mines, s'est substitué chez nous en 1791 au droit domanial, est basé tout entier sur l'octroi perpétuel de la concession *moyennant un cahier des charges portant des obligations, parmi lesquelles la première est d'exploiter*.

Quand un concessionnaire n'exploite pas, il détient une richesse minérale, il tend « à ne pas la vendre ou, à ne pas la produire » et si la collectivité en a un besoin impérieux, il devient coupable d'accaparement envers elle en persistant dans son inaction.

Le concessionnaire n'est pas en effet un simple particulier entièrement libre de ses actes, cultivant ou laissant en friche à sa volonté son champ superficiaire en vertu de l'axiome *uti et abuti*, c'est-à-dire en vertu du droit d'user et d'abuser. C'est un mandataire spécial chargé par l'Etat, en vertu du droit régalien, de cultiver un champ souterrain dont on lui a donné la propriété absolue, sauf la faculté d'abuser *uti sed non abuti* (et sauf aussi la surveillance à exercer par l'Etat au point de vue de la sécurité ouvrière.

Le concessionnaire d'une mine échappe donc par ce côté tout spécial à l'empire du Code civil et du Code de procédure civile (au point de vue de la propriété) quoiqu'en dise l'article 7 de la loi de 1810.

Le décret modificatif de 1852 que nous avons cité, et qui empêche la réunion, c'est-à-dire l'accaparement possible des concessions en une seule main, est une des modifications faites en vertu de cette restriction au droit de propriété édicté par l'article 7.

L'article 49 de la loi de 1810 est aussi très explicite, à ce point de vue spécial de l'obligation de

produire qu'impose au concessionnaire les besoins de
la consommation. Cet article est ainsi conçu :

*Art. 49. --- Si l'exploitation est restreinte ou
suspendue, de manière à inquiéter pour la sûreté publique ou les besoins des consommateurs,
les préfets, après avoir entendu les propriétaires, en rendront compte au Ministre de l'Intérieur, pour y être pourvu ainsi qu'il appar-
tiendra.*

Ainsi, le vœu de la loi est formel.

Il ne peut pas y avoir accaparement de champs
miniers, il ne peut pas y avoir suspension ou restriction de l'exploitation, si la sûreté publique ou les
besoins des consommateurs sont inquiétés.

C'est tout l'esprit de l'article 49. Et cela est si
vrai que le Conseil général des Mines dans ses propositions de modifications de la loi de 1810 a rédigé
l'article ainsi qu'il suit :

« Toutes les fois qu'une concession de mines sera
« restée inexploitée pendant deux ans révolus, le
« préfet du département prescrira au concessionnaire
« un délai pour la mise en activité des travaux qui
« ne pourra être moindre que six mois, ni supérieur
« à un an.

« Si les travaux ne sont pas commencés ou repris
« dans le délai fixé, le retrait de la concession sera
« prononcé par le Ministre des Travaux publics et

« il sera procédé à la mise en adjudication de la
« mine, conformément à l'article 6 de la loi du 27
« avril 1838! »

Certes, nous nous sommes toujours élevés dans
nos divers ouvrages sur la *Révision des lois sur les
Mines* (1) contre l'abus qu'on pourrait faire en
temps ordinaire d'une telle faculté donnée au Ministre des Travaux publics, mais les temps sont chan-
gés et nous traversons en ce moment une crise qui
doit éclairer les plus timides. La France manque de
combustibles, et les nations voisines sont impuissantes à satisfaire à ses besoins. S'il est prouvé que
l'exploitation est restreinte quelque part, on doit
sévir car cela est de nature assurément « à inquié-
« ter la sûreté publique et les besoins des consommateurs. »

Ce n'est donc pas dans des modifications de tarifs de chemin de fer ou dans des mesures pallia-
tives qu'il faut chercher le remède à la situation exceptionnelle qui se produit en ce moment. C'est dans
la loi même des mines, dans l'article 49 tout incom-
plet qu'il est. Il faut en faire voter la modification par
la Chambre.

Il n'y a là aucune innovation dangereuse et mal
étudiée. Depuis longtemps la question est posée.

---

(1) La *Révision des lois sur les Mines*, Chevalier, Marescq et
Cie, éditeurs, 1886, 1 vol. in-4° raisin.
La *Révision de la Législation des Mines*, 1 vol. in-8°, Chevalier,
lib. Saint-Étienne 1880.

M. Dupont, le regretté inspecteur général des Mines, l'auteur de l'ouvrage le plus réputé sur la législation minière, disait :

L'article 49 doit être modifié.

« En quel sens le modifier ? Il est d'intérêt public « que la France, qui est en concurrence naturelle « avec les nations étrangères, au point de vue des « produits si nécessaires et si féconds de l'industrie « minérale, puisse utiliser toutes les richesses miné- « rales existant dans des concessions qui ont été « instituées par l'Etat, en considération de l'inté- « rêt général.

« M. Dupont rappelle qu'en France, la loi du 28 « juillet 1791 contient, au sujet des mines inex- « ploitées, un article ainsi conçu :

« ART. 15. — Une concession sera annulée par « une cessation de travaux pendant un an, à moins « que la cessation n'ait eu des causes légitimes et ne « soit approuvée par le Directoire du département « sur l'avis du directoire du district, auquel cas le « concessionnaire sera tenu d'en justifier ; il en sera « de même des anciennes concessions maintenues, « dont l'exploitation n'aura pas été suivie pendant « un an, sans cause légitime également constatée.

« Enfin, M. Dupont rappelle encore qu'en France, « à la date du 23 novembre 1843, le Conseil d'Etat « avait adopté un projet de loi renfermant les arti- « cles suivants relatifs aux mines abandonnées :

« ART. 9. — Dans le cas ou les propriétaires des
« mines cesseraient pendant un an les travaux de
« leur exploitation sans causes reconnues légitimes
« par le directeur général des mines, le Ministre de
« l'Intérieur leur prescrira un délai, qui ne pourra
« être moindre de six mois, pour la reprise desdits
« travaux.

« ART. 10. — La notification de l'arrêté du Minis-
« tre, portant la fixation du délai, sera faite aux pro-
« priétaires, à la diligence du préfet du département
« par acte extra-judiciaire.

« ART. 11. — Si les propriétaires ne se conforment
« pas, dans le délai prescrit, à l'arrêté portant in-
« jonction de la reprise des travaux, le Ministre de
« l'Intérieur, sur le rapport du préfet et sur celui du
« directeur général des mines, fera poursuivre la vente
« en justice de la mine abandonnée ; et les articles :
« 4, 5, 6, 7 et 8 de la présente loi recevront, dans ce
« cas, la même application que dans le cas d'aban-
« don par déclaration expresse.

« Il avait été arrêté, dit Locré, que ce projet serait
« présenté au Corps législatif, mais bientôt on ne
« put plus songer qu'à la défense du territoire, et
« la fuite de Napoléon, qui suivit de près, a tout
« arrêté. »

En conséquence M. Dupont proposait de modifier
l'article 49, selon le texte que nous avons reproduit
précedemment comme émanant du Conseil général
des Mines.

Il n'a encore été rien fait dans ce sens, parce que des circonstances aussi impérieuses que les circonstances actuelles ne s'étaient pas présentées.

Mais aujourd'hui il n'y aurait pas à hésiter, à notre avis.

Le Parlement du reste a déjà accepté le principe car dans un ordre du jour proposé lors d'une de nos interpellations, le 24 Janvier 1891 la Chambre a adopté à la majorité de 196 votants par 257 voix contre 134, l'ordre du jour suivant.

La Chambre invite le Gouvernement à concéder à nouveau à des syndicats d'ouvriers mineurs, les usines, non exploitées ou abandonnées.

On peut contester l'opportunité de concéder des mines à des syndicats ouvriers, mais on ne saurait contester que ce jour là, la Chambre ait fait un effort, pour lutter contre ce que M. E. Dupont appelait : « la plaie des Mines inexploitées ».

Le moment de reprendre la question est donc venu et un vote dans le sens de l'article 49 modifié serait facilement obtenu par le ministre des Travaux publics.

*

* *

C'est que la plaie des mines inexploitées est plus saignante que jamais.

Sur plus de 600 mines de houille concédées il y en

a toujours 300 c'est-à-dire presque la moitié d'inexploitées ou abandonnées !

Toutes les concessions houillères se divisent en quatre groupes :

1° les concessions productives, 2° les concessions insuffisamment exploitées, 3° les concessions abandonnées sans motifs suffisants, 4° les concessions abandonnées après épuisement ou inexploitables.

A notre avis, voici les partis à prendre pour les concessions abandonnées après épuisement ou inexploitables, elles devraient faire l'objet d'un retrait définitif, pour ne pas constituer un *impedimentum* perpétuel, pour décharger la comptabilité publique et l'administration, d'un fardeau inutile qu'elle traîne après elle depuis cinquante années.

Pour les concessions abandonnées sans motifs suffisants et encore exploitables s'il y en a, la mise en demeure *ipso facto*, en vertu de l'article 49. Enfin pour les concessions productives rien à faire qu'à les encourager.

Restent les concessions insuffisamment exploitées.

Ce sont celles qui peuvent donner immédiatement un appoint considérable à l'industrie française, parce que la richesse minérale y est reconnue avec une organisation déjà existante pour l'exploiter.

Prenons un exemple, le bassin du Nord et du Pas-de-Calais.

Si l'on prend l'extraction de l'année 1899 dans

chaque mine et qu'on la divise par le nombre de kilomètres carrés concédés, on obtient un chiffre d'extraction par kilomètre carré et par an.

Comme il s'agit d'un même bassin on verra a moins de circonstances particulières à telle ou telle société, quels sont les concessionnaires qui exploitent avec activité ou non.

Prenons d'abord le Pas-de-Calais :

Noms des concessions	Hect. concédés	Extraction par kil. carrés et par an
Liévin	1.444	8.010 tonnes
Douvrin Drocourt .	700	6.741 —
Lens.	6.239	4.917 —
Bruay	3.809	4.273 —
Marles	2.890	3.901 —
Courrières. . . .	5.460	3.536 —
Dourges	3.787	2.762 —
Grenay.	5.761	2.580 —
Meurchin	1.763	2.507 —
Carvin	1.150	2.117 —
Fléchinelle . . .	532	2.087 —
Ferfay	918	1.737 —
Nœux	8.028	1.655 —

Moyenne.. 3.601 tonnes, par kilomètre carré et par an.

La moyenne d'extraction annuelle est dans le Pas-de-Calais 3.601 tonnes par kilomètre carré pour les concessions des compagnies bien connues chez lesquelles les moyens financiers ne font aucunement défaut.

Examinons, maintenant le département du Nord,

qui possède le même gisement géologique qui a les compagnies les plus puissantes de notre pays et voyons si nous n'allons pas constater une défaillance inexplicable dans l'extraction.

Notre tableau nous donne en effet :

Concessions	Hect. concédés	Extraction annuelle par kil. carrés
Escarpelle. . . .	4.721	1.534 tonnes
Thivencelles . . .	981	1.291 —
Douchy.	3.419	1.160 —
Vicoigne	1.320	1.125 —
Anzin	28.053	1.124 —
Aniche	11.850	976 —

Moyenne.. 1.205 tonnes, par kilomètre carré et par an.

La moyenne de l'extraction du département du Nord tombe à 1205 tonnes par kilomètre carré et par an tandis que celle du Pas-de-Calais est de 3.601 c'est-à-dire triple.

Cela est inadmissible. Les compagnies d'Anzin et d'Aniche arrivent les dernières de tout le bassin pour l'extraction annuelle rapportée au périmètre concédé avec une moyenne de 1.000 tonnes par kilomètre carré concédé.

Il y aurait donc lieu de ramener tout le département du Nord à la moyenne du Pas-de-Calais. Dans ces conditions, l'extraction d'Anzin devrait être triple soit de 9 millions de tonnes au lieu de 3 millions; celle d'Aniche de 3 millions de tonnes au lieu de onze cent mille. On obtiendrait ainsi, 9 millions de tonnes supplémentaires.

Il manque à la France Douze millions de tonnes, ce simple effort de deux compagnies comblerait aux trois quarts le déficit.

Certes, il n'y a pas lieu de considérer ces chiffres comme absolus et nous ne les donnons bien entendu que comme des indications, mais il est impossible de ne pas constater que les deux plus grands périmètres houillers concédés sont les moins exploités de tout le pays.

Notre exemple, nous semble donc topique.

La loi de 1810, et notamment l'article 49 sont formels. Si la consommation générale est inquiétée, comme c'est le cas actuellement, c'est aux concessionnaires qui ont en quelque sorte accaparé les concessions comme la compagnie d'Anzin (qui en a huit a elle seule) qu'il faut tout d'abord s'adresser pour augmenter la production nationale.

Et l'article 49 ajoute :

« Si l'exploitation est RESTREINTE… »

Or, n'est ce pas le cas, puisque dans cette année de demande exceptionnelle pour la houille la production d'Anzin notamment a été la seule en diminution dans toute la France sur l'année 1898 !

Il y a donc lieu d'aviser à notre avis.

L'Etat restera, en agissant ainsi fidèle à l'esprit de la loi de 1810 et de l'article 419 qu'on fera bien de rappeler dans cette circonstance.

XII

Les Causes de l'Accaparement

La Protection le favorise-t-elle?

———

XII

LES CAUSES DE L'ACCAPAREMENT
LA PROTECTION LE FAVORISE-T-ELLE ?

Maintenant que nous avons étudié les effets des accaparements, il ne nous reste plus, avant d'arriver à la dernière partie de cet ouvrage, c'est-à-dire à l'étude des textes législatifs en vigueur à l'étranger contre l'accaparement et de ceux qu'on pourrait proposer pour la France — il ne nous reste plus qu'à parler des causes qui déterminent les accaparements.

Des économistes éminents comme M. RAFFALOVICH, Yves GUYOT, PAUL LEROY-BEAULIEU n'ont pas hésité à attribuer au protectionnisme le développement inouï des syndicats (Kartells, trusts, corners etc.) à notre époque. Dans de récentes conférences du 5 Février 1900 notamment, cette opinion a été nettement formulée à la Société d'Economie politique.

Nous ne sommes pas suspect de protectionnisme à outrance : car nous déclarons avant d'examiner les dires de ces éminents écrivains que nous n'appartenons à aucune école économique.

Nous estimons qu'on peut être protectionniste ou

libre échangiste selon les cas. — Qu'on nous pardonne cette hérésie.

Pour asseoir une industrie naissante, développer les forces intérieures économiques d'un pays, la protection a du bon, de même que pour donner à ce pays tout son essor industriel et commercial, le libre échange peut être préconisé.

Il se passe sous nos yeux de bien curieux exemples à ce sujet.

L'Amérique, d'ultra protectionniste qu'elle était est entrain de devenir presque libre échangiste, — notamment pour ses houilles, ses métaux, ses pétroles ses blés et ses cotons. Le jour n'est peut être pas loin, où nous verrons cette « nouvelle Angleterre » venir nous combattre économiquement sur nos côtes.

Inversement, nous voyons l'Angleterre, — surprise par l'offensive commerciale de ses voisins, notamment de l'Allemagne et de l'Amérique, — se replier sur elle-même et commencer par des voies détournées à chercher une protection contre ses ennemis.

On peut donc dire dans tous les cas que l'on n'est plus aussi libre échangiste à Londres et à Manchester qu'il y a quelques années.

Au fond et sincèrement, liberté ou protection, ne sont point des articles de foi économiques pour nous. Il n'y a point là de dogmes intangibles. Il y a une question d'intérêt et d'opportunité.

Nous admettons très bien que la France puisse

redevenir libre échangiste, si un jour son intérêt le lui commande, mais pour le moment nous trouvons qu'au milieu de toutes ces nations armées jusqu'aux dents pour l'attaque, quelques fortifications douanières ne sont pas de trop pour nous.

Bref, nous appartenons à une école peu nombreuse mais qui a la prétention d'introduire un peu d'opportunisme dans l'économie politique.

Cela dit pour montrer combien la question de principe, nous passionne peu, écoutons un des plus éminents parmi les économistes libres échangistes M. Raffalowich.

*
* *

Dans son étude. « Les coalitions de producteurs et le protectionnisme » (1) cet écrivain débute ainsi :

La tribune parlementaire retentit parfois en France d'étranges théories. N'avons-nous pas entendu récemment un ministre de l'agriculture. (Monsieur VIETTE), affirmer que les droits de douane protégeaient les consommateurs contre les manœuvres des syndicats, contre les accaparements ?

Il m'a donc paru utile d'examiner cette question des coalitions et du protectionnisme (suit l'exposé de certaines coalitions internationales et notamment de celle des cuivres).

A côté de ces gigantesques et précaires syndicats internationaux, de ces syndicats ambitieux, il en est d'autres plus modestes, qui se contentent d'embrasser un pays, d'y dominer sur le marché intérieur, de prélever une véritable dîme sur le consommateur indigène.

____

(I). Librairie Guillaume et Cie, des Annales économiques 1889.

Je n'irai certainement pas combattre la liberté d'association. En s'associant, en se coalisant pour réduire leur production et pour s'entendre sur le maintien des cours, les industriels ne font qu'user d'un droit strict. Il n'y aurait délit que si quelques uns d'entre eux usaient de menaces ou de manœuvres dolosives pour forcer les récalcitrants à entrer dans le syndicat. Mais il est un cas où les coalitions de producteurs sont condamnables, c'est si elles sont encouragées directement ou indirectement par l'Etat. Il va sans dire qu'elles ne sont tolérables que dans les pays qui vivent sous le régime de la liberté commerciale, parce que le consommateur a la possibilité de se soustraire au joug qu'on veut lui imposer, en s'adressant aux producteurs étrangers. Dans les pays de protection, ces syndicats ont un caractère odieux, écrivait mon excellent confrère et ami, M. Georges Michel.

L'objet de toutes ces associations est d'empêcher la concurrence et d'extorquer des consommateurs un profit supérieur à celui qui pourrait être obtenu tant que la concurrence subsiste. Le tarif protecteur, en Amérique, a encouragé le développement de ces combinaisons et les a mises en mesure d'empêcher des bénéfices inouïs. Une étude publiée par le New-York Times a montré que les syndicats constitués dans les dernières années ont été rendus possibles par le tarif qui protège les américains contre les marchandises à meilleur marché.

Monsieur Bonhain un écrivain américain a dit :

« Les coalitions sont un moyen de s'approprier la
« prime que le tarif protecteur accorde indirectement
« à certaines industries spéciales. Sur ce terrain elles
« opèrent en limitant la production de cette branche
« En même temps elles réduisent le prix de revient de
« l'article en pesant sur les salaires. La coalition empoche

« la différence qui en résulte. Le mobile essentiel de
« cette espèce de coalition devrait être de lui-même suf-
« fisant pour montrer qu'un encouragement continu à
« l'aide de la protection contient une bonne dose de
« déception Tout protectionniste suppose que le tarif
« stimule le développement de l'industrie à laquelle
« il s'applique. Il n'y a pas de prétention qu'il doive
« exister pour quelque autre but, et cependant la seule
« fonction possible de la coalition c'est de réprimer le
« développement et de s'emparer du résultat. Il est
« vrai que la protection agit indirectement, mais elle
« n'agit pas moins sûrement. Si dans un article, l acier
« par exemple, la production excède la consommation,
« le seul but de la création d'un syndicat, c'est de res-
« treindre la production, soit en limitant arbitraire-
« ment la quantité produite par chaque membre du
« syndicat, ou bien en fermant une partie des usines à
« la volonté de la coalition, en compensant les proprié-
« taires des usines fermées qu'on laisse participer aux
« profits généraux de l'industrie ainsi réduite.

« Les protectionnistes crient et réclament la protec-
« tion sous prétexte qu'elle encourage l'industrie. La
« conduite de leurs syndicats les contredit ouvertement.
« Ils s'efforcent de défendre la concurrence étrangère
« par le tarif, ils restreignent l'industrie nationale en
« se coalisant. C'est ainsi qu'aux Etats-Unis les coali-
« tions du sel, de l'acier, du plomb, du caoutchouc,
« tendent rigoureusement et méthodiquement à empê-
« cher de grandir les diverses industries que le tarif
« doit soi-disant développer, afin que les organisateurs
« des trusts puissent profiter de cette compression des
« industries et ensuite en réduisant les salaires, en fai-
« sant baisser ceux-ci, empocher la prime du gouver-
« nement... »

Les protectionnistes américains sentent bien que les

abus commis par les *trusts* sont compromettants. « Si
les amis sincères de l'industrie américaine veulent protéger la protection, dit le Times de Philadelphie, ils
doivent promptement séparer leur cause du brigandage
des *trusts* monopolistes. La protection peut survivre
à des attaques franches d'ennemis déclarés, elle ne peut
survivre aux coups *suicidal* de ceux qui se servent de la
protection seulement pour en abuser, en opprimant ar-
bitrairement les consommateurs... »

Après les Etats-Unis, le pays où les syndicats sont le
mieux et le puissamment organisés me semble être l'Allemagne. Ici encore on voit que les droits d'entrée frappant les articles similaires de l'étranger facilitent la coalition des producteurs regnicoles...

Je vais m'efforcer, dit en terminant M. Raffalowich,
de condenser les faits que j'ai exposés :

Sur un marché faussé par des droits de douane, fermé
à la concurrence étrangère, il y a d'abord une période
d'inflation. L'industrie stimulée par l'exclusion des articles similaires de l'étranger force sa production, inon-
de le marché intérieur, se fait une concurrence à outrance. Les producteurs s'aperçoivent alors qu'ils ont
fait fausse route, qu'ils se ruinent les uns les autres ;
quelques fortes têtes conçoivent le projet d'une entente
ayant pour objet de déterminer le prix minimum de
vente ou bien de faire l'une et l'autre chose, au besoin
d'installer un bureau central qui sera chargé de répar-
tir les commandes et de faire les ventes au consommateur. Le protectionnisme a eu pour but d'assurer à
l'industrie indigène le débouché intérieur en même
temps que d'agir sur les prix. Par leur faute, les industriels ont déprécié les prix, la coalition est leur remède.
Le troupeau des consommateurs sans défense est fait
pour être tondu. On lui vendra aussi cher que possible, au prix, par exemple auquel les usines étrangères

peuvent vendre à la frontière, mais augmenté du droit ; on divisera le pays par zone qu'on attribuera aux industries groupées par district.

S'il y a malgré tout un excès de production, et c'est probable, parce que la consommation reculera devant le renchérissement, on écoulera meilleur marché au dehors. Le consommateur indigène sera taxé et la prime encaissée par le fabricant profitera aux consommateurs étrangers.

Les coalitions ont la prétention d'assurer la marche normale de leurs branches, de garantir le travail des ouvriers employés par elles. Mais cela ne me semble pas aussi évident que cela, et c'est en contradiction avec la prétention de restreindre la production. J'ai montré ce qui se passe aux Etats-Unis où les coalitions ferment des fabriques, réduisent la main-d'œuvre, pèsent sur les salaires. Les protectionnistes ont beau affirmer que plus la protection est grande, plus le capital afflue vers les branches protégées, que la demande de main-d'œuvre en serait d'autant plus considérable et que les salaires s'élèveront. On peut leur répondre au contraire que plus une marchandise est bon marché, plus grande est la consommation ; plus l'industrie est active, plus on demande d'ouvriers. Il faut faciliter la consommation, cela vaudra mieux que de la restreindre par des entraves artificielles. Les coalitions sont faites pour augmenter le prix d'un article manufacturé, au profit du capital engagé dans la production. Or toute élévation de prix d'un article manufacturé dans l'intérêt exclusif du capital est nuisible aux consommateurs, parce que ceux-ci doivent consacrer une part plus grande de leur labeur à se procurer ces produits. Cet inconvénient peut se produire sous diverses formes. Les syndicats de fer brut, par exemple, rendront plus dure l'existence des industries qui travaillent le fer. Mais l'inconvénient est surtout sensible lorsqu'il s'agit d'articles

de la consommation directe et que le consommateur est
un simple ouvrier sans capital. L'ouvrier qui est obligé de se nourrir de se vêtir perd dans les cas de renchérissement artificiel, dit M. BARTH dans la Revue heb-
domadaire LA NATION, tout comme il le fait sous le
régime protecteur qui favorise le capital aux dépens du
travail. Les protectionnistes cherchent à dissimuler cette
vérité si pénible pour eux : à les entendre, l'ouvrier
gagne ce qu'il perd comme consommateur par suite du
redoublement d'activité industrielle. On lui fournit
l'occasion de compenser par plus de travail la cherté
des articles de consommation. D'ailleurs avec les syndicats, il n'y a pas toujours augmentation de la production ni amélioration des conditions de travail. Au contraire un syndicat habile, voyant que les prix élevés
influent sur la consommation, cherchera à limiter la
production, afin de ne pas travailler sur stock : je ne
vois pas comment la demande de main d'œuvre augmentera. L'ouvrier perd donc doublement il a le droit de
protester contre un régime anti-économique contre la
protection douanière qui rend aisées ces coalitions de
fabricants.

J'ai montré comment le protectionnisme a porté atteinte au libre jeu de la concurrence qui seule est ca-
pable de déterminer par l'offre et la demande le véritable prix. Dans un pays où règne la liberté commerciale, les coalitions sont moins dangereuses, leur
existence plus précaire. Le Gouvernement et l'opinion
publique restent passives et attendent que les bénéfices
considérables des syndicats attirent de nouveaux capitaux ou stimulent l'importation.

(Et M. Raffalowich s'écrie en terminant :)

Et nous, quelle doit-être notre attitude vis-à-vis des
coalitions ? Demanderons-nous qu'on forge de nouvelles
dispositions pénales, qu'on en appelle à l'État pour réprimer les abus qui naissent du droit d'association ? Non,

nous ne demanderons pas qu'on porte atteinte à la liberté d'association : seulement nous réclamerons l'abandon d'un régime aussi immoral que la protection, qui fausse tout ce qu'il touche, qui, sous prétexte d'écarter la concurrence étrangère, sacrifie les consommateurs au monopole des industries coalisées.

*
* *

Telle est la théorie de M. Raffalowich que nous avons tenu à exposer avec impartialité.

Il se fait, croyons-nous de la cause qui a déterminé l'éclosion des syndicats, une idée peut être plus complexe qu'elle n'est en réalité et son insistance à rejeter la faute sur le protectionnisme fait peut être plus d'honneur à sa combativité qu'à son jugement toujours si sûr cependant.

Pourquoi aller chercher un peu loin des causes qui sont si simples et si naturelles, croyons-nous ? Ne seraient-elles pas les suivantes ?

La science a fait dans la seconde moitié du XIXᵉ siècle des progrès d'une foudroyante rapidité.

Si l'on se reporte en effet à un peu plus de 50 ans en arrière on voit partout les grandes industries se développer graduellement, la production suit les besoins, le prix des matières premières, celui de la main d'œuvre, celui des transports ne présentent pas de trop grandes fluctuations et s'élèvent lentement.

Les chemins de fer se développent. Alors une

nouvelle cristallisation industrielle se produit, les matières premières sont amenées avec plus de facilité au fabricant, le rayon d'action de ses usines augmente. Mais il s'en crée un plus grand nombre, de nouveaux points favorables à la fabrication se trouvant déterminés par le passage du chemin de fer Ainsi, augmentation des usines avec les chemins de fer. Premier effet du nouveau mode des transports.

Parallèlement, un second progrès se produit.

Les méthodes de fabrication se perfectionnent à l'envi. En mécanique, les pas en avant sont gigantesques. L'Amérique notamment pousse le monde entier dans la voie du machinisme à outrance et d'un machinisme extrêmement ingénieux.

Chaque industrie voit ses procédés changer presque tous les dix ans. Pour ne citer qu'une industrie que nous connaissons bien, l'industrie métallurgique, on assiste, depuis la découverte Bessemer c'est-à-dire depuis trente ans environ, à une série de métamorphoses rapides qui ont fait passer le prix de la tonne d'acier de 2.000 francs à 100 francs avec des facilités inouïes pour la production en grande masse.

Un maître de forges d'esprit, disait un jour :

— Nous demandons que les inventeurs se reposent un peu.

Hélas ! vain désir, on innove, on échange, on perfectionne toujours dans le même but : diminuer le prix de revient en augmentant la production.

Certes la consommation, à la disposition de laquelle on met tous les jours des denrées à un prix plus bas, augmente dans de fortes proportions mais la production continue à croître à chaque découverte nouvelle et un jour, l'équilibre se trouve rompu entre la production et la consommation.

C'est cette rupture d'équilibre qui à mon avis est surtout la cause du groupement syndicataire industriel.

Toujours, en effet, nous l'avons maintes fois indiqué au lecteur, nous voyons les ententes s'opérer sous la pression de la « nécessité économique » déterminée par la surproduction.

Ainsi, nous sommes d'accord avec M. Raffalowich pour attribuer la formation des syndicats à la surproduction, seulement il rend la protection responsable de tous les méfaits, tandis que nous l'attribuons au perfectionnement des méthodes. Peut-être avons-nous raison tous les deux :

Mais nous avons une preuve tangible de la véracité de notre dire.

Où le mouvement syndicataire des producteurs devait-il se faire le plus sentir d'après notre thèse ? Dans les pays où le développement industriel était le plus grand et le plus rapide évidemment. Or, c'est précisément en Amérique et en Allemagne, pays qui ont fait des progrès techniques inouïs depuis vingt ans, que le dit mouvement s'est produit avec le plus d'intensité.

Si la thèse de M. Raffalowich eut été exacte, tous

les pays protégés eussent assisté à un grand mouvement syndicataire. Or la France y parait un peu réfractaire, l'Espagne l'ignore ainsi que la Russie. Et pourtant çe sont les trois pays les plus protectionnistes d'Europe !

Donc un progrès rapide dans les méthodes scientifiques et industrielles, une surproduction en résultant, telles sont les véritables causes des accaparements, des trusts, des kartells, des syndicats industriels et commerciaux.

Nous ne ferons pas de difficultés, cependant de reconnaître que les « pools, » les ententés éphémères d'Amérique ont été favorisés par des tarifs élevés à l'entrée, mais ces pools sortes de jeux de bourse sur les denrées n'ont qu'une simple parenté avec les syndicats puissants comme celui de Westphalie, par exemple, dont le rôle consiste à régularises la production et à niveler les prix durant de longues périodes.

Certes, l'Amérique protectionniste a été la patrie des syndicats à l'origine. Mais, la Belgique, libre échangiste en a vu fleurir quelques-uns parmi les plus en vue comme le syndicat des cokes. La France de M. MÉLINE compte seulement une vingtaine de syndicats, tandis que l'Allemagne en a plus de cent cinquante. En Autriche ils sont légions. La Russie est un pays protectionniste s'il en fut mais la surproduction qui devrait en être la conséquence ne s'y fait pas sentir encore. Enfin en Angleterre, ce pays du libre échange, il y a le syndicat de sel, des fédérations de charbonnages, de constructeurs, des « unions » pour le fer, les filés de coton, de chanvre. Il y a le syndicat de la farine, du papier, du diamant, du rubis etc etc.

Non, sincèrement, le mouvement de concentration industrielle ne tient pas au régime économique, il est fonction d'une grande évolution dans la production humaine sous l'impulsion de la science et du progrès.

Que cette impulsion soit un peu trop vive en ce moment, cela est possible et l'apparition d'une nouvelle forme de l'energie — j'ai nommé l'electricité — n'est pas faite pour modérer ce mouvement en avant.

Mais qu'y faire ?

Nous ne sommes pas de ceux qui oseront dire au progrès : Nec plus ultra ! Il faut l'accepter avec toutes ses conséquences.

*   *

Mais, si nous osions, nous dirions presque à l'inverse de nos contradicteurs que les grands syndicats nous conduisent au contraire au libre échange. En effet, nous avons cité l'exemple de l'industrie des aciers, galvanisée à outrance par Carnegie. A quoi a abouti cette colossale concentration industrielle ? Chose étonnante, elle a donné à l'industrie métallurgique américaine une force d'expansion telle qu'il lui faut à tout prix maintenant pour se satisfaire, l'exportation, la conquête du marché étranger, c'est à-dire la liberté ! C'est le trust des aciéries qui marque le mouvement anti protectionniste aux Etats-Unis !

Oui, on peut concéder si l'on veut, que les syndicats d'industries *sont nés de la protection mais qu'ils vont au libre-échange*. Alors, au lieu d'en faire un reproche au régime protectionniste on devrait plutôt l'en louer en bonne logique.

Mais ces querelles de partis économiques, à notre avis, ne sont pas dignes d'un sujet aussi élevé, que celui qui nous occupe. Que les grands syndicats aient été ou non engendrés par tel ou tel système économique ils existent, ils fonctionnent, ils transforment nos mœurs commerciales ils se moquent des discussions académiques des économistes. La véritable question est de savoir s'ils menacent ou non la consommation universelle. Et là sur cette question, il y a un intérêt pratique à se demander. Quel est le régime économique qui pourrait le mieux, le cas échéant, combattre les excès des syndicats d'industries s'ils se produisaient ?

Eh bien, il n'y a pas de doute possible. L'essence même du libre échange est de laisser faire les forces économiques. On ne voit pas bien l'Angleterre par exemple prenant des dispositions restrictives contre les fédérations quelconques de patrons contre les Unions ou les syndicats. Aucun article de loi à ce sujet. Cela est contraire aux mœurs commerciales anglaises.

Donc, s'il doit y avoir un jour des abus ils ne pourront être réprimés en pays libre-échangiste.

Il n'en est pas de même sous le régime protecteur.

En réalité, au point de vue du groupement dans le monde, les accaparements peuvent se classer en deux grandes catégories. Les accaparements internationaux affectant plusieurs peuples à la fois et les accaparements nationaux c'est-à-dire, n'affectant qu'une seule nation.

Dans ce dernier cas, nous l'avons indiqué précédemment, pour la France protectionniste, il y a les droits de douane, qui fonctionnent comme une soupape de sûreté contre les excès de l'accaparement. Certes il ne faudrait user du moyen qui consisterait à abaisser la barrière douanière pour les matières qui seraient l'objet d'un accaparement national qu'avec une extrême prudence mais, je le repète, il y a là une arme efficace en dehors des articles du code.

Tandis que dans l'accaparement international, il n'y a point de remède, la protection, le libre échange sont également désarmés.

Un exemple fera bien comprendre notre pensée.

Supposons qu'il se forme en France un puissant syndicat des cokes (on verra tout à l'heure pourquoi nous choisissons cette denrée) qui en élève le prix au point d'alarmer la métallurgie française. Le premier mouvement de cette dernière industrie sera de faire venir des cokes étrangers, de Belgique ou d'Allemagne.

(C'est ce qui a lieu actuellement mais pour une autre raison la production française étant encore insuffisante pour alimenter tous nos hauts-fourneaux.)

Bref s'il y avait accaparement des cokes, la métallurgie pourrait avoir les cokes étrangers et même au besoin elle pourrait demander au gouvernement de supprimer le droit de 1 fr. 30 par tonne dont le coke étranger est frappé à son entrée en France afin de réduire et faire capituler les accaparements.

Elle se garderait bien de le faire du reste.

On le voit donc, dans le cas d'un accaparement national le pays est sauvegardé par le droit de douane et le danger n'est jamais bien grand.

Mais, on ignore généralement qu'il existe en Belgique un syndicat des cokes admirablement organisé, très militant comprenant toutes les usines à coke et qui en ce moment traite un peu à l'américaine tout le marché belge.

Les journaux sont pleins des doléances de la métallurgie contre ce syndicat qui tient maintenant le coke aux environs de 52 francs la tonne (c'est-à-dire à peu près au double de ce qu'il était précedemment) et dont les préférences pour certains, les exigences pour d'autres, les refus absolus de traiter avec quelques uns, donnent un avant goût de ce que nous allons révéler à nos lecteurs.

*

* *

Le syndicat des cokes de Belgique n'est pas le seul, il a un voisin, le syndicat de Westphalie branche autonome du grand syndicat des houilles d'Essen. Et, fait de la dernière gravité, ces deux puissances se sont entendues, se sont partagées la clientèle comme on se partage un fief, bref les deux syndicats ont formé une petite fédération qui règne en maîtresse sur la Belgique, l'Allemagne et un peu la France.

Supposons alors que le syndicat des cokes anglais, qui est dans l'air et le syndicat des cokes français, imitent l'exemple alléchant de leurs deux aînés et se fédèrent entr'eux. Voilà quatre pays, la France, la Belgique, l'Allemagne, l'Angleterre à la merci de quatre associations syndiquées.

Et là, il n'y a plus de barrières douanières efficaces, plus de protection, plus de libre échange qui puisse réagir contre les prix fixés par cette association nouvelle se partageant le continent sans concurrence possible.

La fédération des syndicats industriels se met ainsi hors la loi, au-dessus des tarifs, au-dessus des gouvernements.

Au fond, les Rois industriels ne sont pas bien dangereux pour les sociétés.

Le Roi de l'Huile, le Roi de l'Acier sont mortels.

Après eux, tout dépend de leur successeur comme dans toutes les dynasties.

Mais avec des associations anonymes, durables, dont la pérennité peut être assurée pour de longues périodes successives par des textes impératifs, il y a tout à craindre.

Voilà pourquoi nous dirons dans notre conclusion que la mesure législative la plus urgente est une mesure générale prise par les gouvernements pour la répression de l'accaparement international pratiqué au moyen de la fédération des syndicats d'accaparements nationaux.

C'est le syndicat des syndicats ! Voilà le vrai péril social.

J'entrevois cela dans l'avenir comme l'éventualité la plus grave, vers laquelle nous nous acheminons sans presque nous en douter.

DEUXIEME PARTIE

I

Faut-il abroger les lois existantes contre l'Accaparement?

I

FAUT-IL ABROGER LES LOIS EXISTANTES CONTRE L'ACCAPAREMENT

Nous arrivons au point le plus délicat de notre tâche.

Dans la première partie de cet ouvrage, nous avons posé quelques principes indispensables selon nous, nous avons rappelé les anciennes législations puis nous avons défini l'accaparement moderne au point de vue juridique et fixé ses limites économiques.

Cela fait, nous avons, par de grands exemples, montré la genèse des trusts, des syndicats et établi la gradation dans l'accaparement.

1° L'accaparement simple de matière première, comme celui des pétroles ou du syndicat de vente des houilles de la Westphalie.

2° L'accaparement à la deuxième puissance matière première et matière ouvrée dérivée — dont la *Carnegie-Rockfeller Combination* est le type.

3° Enfin l'accaparement international à la troisième puissance comme dans l'affaire des Cuivres et dans la *Borax consolidated*.

4° En dernier lieu, nous avons indiqué trois genres d'accaparements spéciaux, les brevets, la grève, les mines et finalement nous avons montré quelles étaient les vraies causes de l'accaparement.

Maintenant que le problème est posé, il nous faut conclure.

Ce sera l'objet de cette deuxième partie.

Que doit faire le législateur dans les circonstances actuelles ?

Il y a trois partis à prendre :

1° Ou ne rien faire.

2° Ou légiférer en proposant une loi nouvelle contre les accaparements.

3° Ou améliorer, compléter, moderniser, la législation existante.

Examinons successivement ces trois cas ; et d'abord le premier :

Il y a des partisans résolus de la non législation en matière d'accaparements. Nous avons vu les conclusions très nettes de M. Raffalowich : Demande-
« rons-nous dit-il, qu'on forge de nouvelles disposi-
« tions pénales, qu'on en appelle à l'Etat, pour re-
« primer les abus qui naissent du droit d'association?
« — Non »

Dans une importante séance de la Société d'Economie politique, le 5 janvier dernier, la question a été agitée. M. ANDRÉ SABATIER l'a posée en termes particulièrement sensés. Il a dit : « les explications « fournies par les précédents orateurs (RAFFALOWLCH « Paul LEROY BEAULIEU, Louis VIGOUROUX) ne permet « tent pas de demêler s'ils sont favorables à la sup- « pression ou au maintien des articles 419 et 420 « de notre code pénal, répressifs des coalitions, « Or, que résulte-t-il des exemples fournis dans la « communication de M. Raffalovich ? C'est que le « législateur intervient fatalement, lorsque le fonc- « tionnement du trust est un danger pour la fortune « publique ou pour les besoins de la population. « Si donc, sous une pression libérale, le législateur « abrogeait les articles 419 et 420 du Code pénal « et la loi de 1790, n'est-il pas probable qu'à la « première crise, le même législateur recourrait à « nouveau à ces armes de combat et de prohibition ? « Dès lors, plutôt que de défaire les lois pour avoir « à les refaire quelque temps après, gardons-les « telles quelles avec leur objet prohibitif et la crainte « salutaire qu'elles peuvent inspirer. Il est certes « dangereux de faire intervenir le Procureur de la « République dans la solution de problêmes souvent « d'ordre exclusivement économique ; mais com- « ment empêcher l'intervention de la puissance pu- « blique devant la réclamation du peuple, devant « la gêne publique, devant des désastres dont l'a- « vantage de quelques-uns est loin d'être la com- « pensation ? En Amérique même, le législateur « s'incline devant la contingence et édicte des me- « sures contre les trusts. Ne sommes-nous pas, dès

« lors, en Amérique et en France, au même point et
« sous les mêmes suggestions ? »

A cet appel éloquent, personne ne croit devoir
trancher la question. M. PIERRE LEROY BEAULIEU,
M. Gustave ROY, M. FRÉDERICKSEN font un éloge dis-
cret des trusts, mais après quelques observations
complémentaires de M. Georges VILLAIN, de M. RA-
FALOWICH, de M. LEVASSEUR, de M. Frédéric PASSY, la
séance se termine sur cette conclusion que c'est le
régime douanier qui est la cause de ces ententes, de
ces coalitions, de ces trusts qui sont si défavorables
au consommateur.

La vérité, c'est qu'en principe et logiques avec
eux-mêmes, les économistes libres échangistes, sont
partisans de l'abrogation de toute loi coercitive,
contre les accaparements. C'est un point de vue res-
pectable.

Mais il faudrait évidemment proposer les mesures
qui sont la conséquence logique de leurs principes
de liberté commerciale, c'est-à-dire l'abrogation
de l'article 419.

L'exemple héroïque de l'Angleterre abrogeant les
acts de 1772 et 1844, c'est-à-dire toutes les incri-
minations pénales d'accaparement et de monopole,
ne leur paraît cependant pas sans danger, aujour-
d'hui que l'opinion publique semble gronder sour-
dement.

C'est que sans être effrayant, le mouvement syndicataire n'en est pas moins singulièrement imposant.

Qu'on en juge :

A l'heure actuelle, on peut constater l'existence aux Etats-Unis (d'après l'annuaire de 1899 publié par le journal *Of Commerce.* de 353 trusts, avec un capital de $ 4.248 millions en actions ordinaires, 870 millions en actions privilégiées, 714 millions en obligations, soit ensemble $ 5.833 millions. En francs 29 milliards 165 millions !

En Allemagne, j'ai dit qu'il existait environ 150 syndicats et autant dans les autres nations voisines.

Bref, le capital groupé autour des ententes en Europe grandit tous les jours. Il y aura certainement bientôt dans le monde une cinquantaine de milliards qui marcheront, disciplinés et actifs sous le commandement des *trustees*.

Cela peut donner à réfléchir et le moment n'est peut-être pas bien choisi pour désarmer complètement la loi.

Et puis, on a peut-être remarqué ceci : M. Edmond THÉRY, dans la citation que nous avons faite de lui — sur l'accaparement, — et dans laquelle il émet des doutes sur l'efficacité pratique de cette opération, commence sa démonstration par ces mots :

« En temps normal, l'accaparement n'est pas à craindre etc... »

« En temps normal » est une indication précieuse.

Il peut donc y avoir des époques troublées, des crises de Défense nationale, des phases héroïques d'histoire où l'imagination populaire surexcitée par quelque catastrophe, se donnera libre carrière et où aussi les circonstances paraîtront favorables à des spéculateurs pour profiter du désarroi universel.

C'est l'avis de M. André SABATIER lui-même.

Quand il n'y aurait que ce point de vue, il faudrait, à notre avis, que la justice conservât au moins une arme pour parer aux éventualités de l'avenir.

C'est pourquoi, résolument, sans parti pris d'école économique, nous dirons : Non, il n'y a pas lieu d'abroger les lois existantes sur l'accaparement.

II

Faut-il édicter de nouvelles lois

contre l'Accaparement?

II

FAUT-IL EDICTER DE NOUVELLES LOIS CONTRE L'ACCAPAREMENT ?

Sur cette question de la nécessité d'édicter des lois nouvelles visant l'accaparement moderne, les avis sont très partagés.

Voyons d'abord les essais tentés dans ce sens depuis quelques années, dans les différents pays.

Les Etats-Unis seuls ont légiféré sur la matière

Il y a deux genres de dispositions légales aux Etats-Unis, les dispositions inscrites à la *Common law*, applicable à tous les Etats et les dispositions légales applicables seulement dans quelques Etats, selon le vote de chaque législation spéciale.

La *Common law* contient un principe unique « l'en-
« gagement pris par une personne de ne pas vendre
« au delà d'une certaine quantité de marchandise
« ,et par extension au-dessus ou au-dessous d'un
« prix déterminé) est attentatoire à la liberté des
« transactions, *in restraint of the trade.* »

Par suite, les tribunaux ne peuvent ni reconnaître, ni exécuter une stipulation destinée uniquement à sanctionner la liberté des transactions.

Il s'en suit, que si pour suppléer à la bonne foi absente dans une entente, on stipule qu'une amende sera versée dans la caisse commune par tout membre violant son engagement, cet engagement est nul Tout *trustee* peu scrupuleux qui aura signé un contrat de ce genre, pourra toujours se retrancher derrière son illégalité de même que le joueur malhonnête et malheureux à la Bourse, peut ne pas payer ses différences. Bref, c'est l'EXCEPTION DE JEU, appliquée aux transactions commerciales et dont quelques unes peuvent être les plus importantes qui existent.

On le voit, tous les contrats de la plupart des ententes européennes, stipulant des amendes ou des sanctions pécuniaires en cas de violation de contrat seraient nulles de plein droit d'après la législation américaine.

Quelles que soient les autres stipulations des divers autres Etats qui ont légiféré sur la matière, nous disons qu'il n'y en avait peut être pas de plus graves, de plus grosses de conséquences que celles de la *Common law* puisqu'elle assimile nettement au jeu, à la spéculation pure des contrats et des clauses qui sont du domaine commercial.

Si l'on rayait des usages tout ce qui touche à la réglementation des prix ou de la production entre négociants ou associés, où irait-on ?

On acculerait le commerce aux voies détournées, à la société secrète. Ce serait entrer dans une singulière voie.

Et l'Industriel puissant, unique, Roi, comme Carnegie, qui, pourrait, lui, par simple décision prise dans son cerveau diminuer sa production, augmenter ses prix *in restraint of the trade* — puisqu'il est le maître, — il serait intangible tandis que l'on frapperait de nullité le contrat de trois ou quatre petits négociants réunis ?

Cela est impossible. Aussi la loi s'est-elle trouvée inapplicable. La *Common law* a été en effet impuissante notamment contre la *Standard Oil C°*, parce que, pas un mot concernant le monopole, la régularisation de la production, l'action sur les prix n'était écrit nulle part dans la charte contenant seulement cet exposé inoffensif : (Art. 2 du titre II.)

« The purposes and powers of said corporations
« shall be to mine for produce, manufacture, refine
« and deal in petroleum and all its products and all
« the materials used in such business and transact
« other business collateral thereto. But other pur-
« charters, or if necessary to comply with the law,
« the powers aforesaid may be restricted and redu-
« ced. »

« Le but et les attributions des dites corporations
« seront d'extraire, produire, manufacturer, raffiner,
« vendre et acheter le pétrole, ainsi que toute chose
« employée dans les affaires de ce genre et faire
« toute opération s'y rapportant. Mais d'autres ob-

« jets pourront êre compris et d'autres pouvoirs don-
« nés dans les différentes chartes (de chaque Cie de
« Standard Oil) suivant que cela paraîtra expédient
« à chaque partie, de même que si cela est néces-
« saire pour se conformer à la loi (de tel ou tel Etat)
« les pouvoirs ci-dessus pourront être restreints et
« réduits. »

Au contraire, *le trust* du sucre eut l'imprudence de
donner les raisons de sa formation tout comme si
il s'était agi de motiver un jugement ou de donner
un enseignement (1). Les trustees oublièrent que
plus on veut prévoir et expliquer dans le texte d'un
contrat, plus on court de risques, plus on prête le
flanc aux attaques. Et bravement, ils firent figurer en
tête de leur convention la déclaration suivante :

« Les objets de cette entente sont :

« 1° De promouvoir l'économie dans l'adminis-
« tration et de réduire le coût du raffinage, de ma-
« nière que le prix du sucre puisse être maintenu
« aussi bas que possible tout en assurant un pro-
« fit raisonnable.

« 2° De donner à chaque raffinerie l'avantage de
« tout l'outillage et de tous les procédés connus et
« employés par les autres, et utiles pour améliorer
« la qualité et diminuer le prix de revient du sucre
« raffiné :

« 3° De fournir une protection contre les combi-

---

(1) Paul des Rousiers. *Les industries monopolisées.*

« naisons illégales de la main-d'œuvre (autrement
« dit contre l'organisation ouvrière).

« 4° De protéger contre la tendance à abaisser le
« degré de pureté des sucres raffinés ;

« 5° Généralement, de servir les intérêts des par-
« ties par tous moyens légaux et appropriés: »

Les administrations avaient eu bien soin, il est
vrai, de passer sous silence le véritable objet du
Trust, la limitation de la production. On sortait d'une
crise très grave ; on voulait parer à l'encombrement
du marché, et la réunion des raffineries les plus
puissantes sous une même autorité, était le meilleur
moyen de porter remède à cette situation.

C'était si bien là le but principal du Trust que,
de suite après sa création, son effort se porta dans
ce sens. Deux raffineries furent fermées à Boston ;
deux autres à New-York ; deux furent momentanément arrêteés ; dans quelques autres la production
fut réduite d'un quart. De cette façon le Trust rame-
nait l'équilibre entre la production et la consommation ; il diminuait ses frais généraux en fermant
les usines les moins bien outillées, et les anciens
propriétaires de ces usines, aujourd'hui détenteurs de
certificats de Trusts qui leur donnaient droit à une
part de bénéfices sur l'ensemble des opérations du
Trust, ne se trouvaient pas atteints dans leurs intérêts par cette clôture. Tout au contraire, ils béné-
ficiaient des avantages généraux qu'en retirait le
Trust.

Mais il importait que cette manœuvre, très parfaitement connue du public, n'apparût pas dans le texte de l'acte constitutif du Trust. Elle avait, en effet, tous les caractères d'une combinaison attentatoire à la liberté du commerce, « In restraint of the trade, » et pouvait comme telle rendre le contrat illégal.

Les rédacteurs de l'acte crurent être habiles en dissimulant le vrai but sous une quantité de motifs secondaires, mais l'énonciation même de ces motifs fournit des armes à l'Attorney général de New-York, qui poursuivit le Trust pour le faire mettre en liquidation.

Le trust se défendit, fit appel des premières condamnations qui l'atteignirent, mais dut, en fin de compte, s'incliner devant le jugement de la Cour Suprême. L'argument juridique sous lequel il succomba est intéressant à signaler : ce n'était pas à proprement parler, le Trust dont on contestait la validité. La cour considérait seulement que les compagnies qui l'avaient formé se trouvaient par la même avoir perdu le bénéfice de leur charte d'incorporation. Cette charte, disait-on, leur a été donnée en vue d'une fonction qu'elles ont déléguée à un « Board of Trustees », qu'elles ne remplissent plus elles-mêmes. Elles ne font plus ce que leur charte les autorisait à faire, ce pourquoi elle leur avait conféré la personnalité civile. En conséquence, ces compagnies sont déchues de leur charte d'incorporation, n'existent plus légalement, et il y a lieu de les liquider.

En d'autres termes, si le trust avait été conclu entre quatorze raffineurs particuliers, et non entre quatorze compagnies obligées de recourir à une charte pour acquérir la personnalité, il aurait échappé à la condamnation ; mais les entreprises particulières qui avaient adhéré au trust, et dont une en avait été le promoteur (Havemeyer and Elder), avaient dû se transformer en sociétés par actions pour l'échange des « trusts certificates » contre une quantité correspondante d'actions. La déchéance prononcée par la Cour Suprême atteignait donc tous les signataires du Trust sans distinction.

Les explications données dans l'acte contribuèrent à motiver l'appréciation de la Cour. Elles ne laissaient en effet aucun doute sur l'unité de direction. On devait étendre à toutes les raffineries l'application de certains procédés connus seulement dans quelques-unes. Toutes devaient recevoir l'outillage le plus perfectionné. Bref, on mettait tout en commun sous une autorité chargée à la fois de pousser les progrès techniques et de veiller au côté financier de l'entreprise. Dans ces conditions, les compagnies contractantes n'avaient plus aucun rôle actif ; cela était de toute évidence.

Voilà comment, même en présence d'un trust avéré, la common law échoua et comment les juges furent forcés de trouver un artifice pour le frapper.

Il faut ajouter également qu'à la même époque,

le Trust du pétrole, constitué dès 1882, continuait à prospérer hors des atteintes de la Common law. Il apparaissait juridiquement sous la forme d'une fédération de compagnies diverses — les Standard Oil Compagnies des divers Etats pétrolifères — dans lesquelles s'étaient fondues les anciennes sociétés signataires du Trust, mais dont chacune avait un rôle à remplir, une existence distincte. L'absorption complète de ces compagnies par « le Board of Trustees », bien qu'elle existât en fait, n'était pas révélée par l'acte constitutif lui-même, comme cela avait lieu pour le trust du Sucre.

L'échec subi par celui-ci devant les tribunaux, la liquidation même qui s'en suivit ne furent pas d'ailleurs pour lui une sentence de mort. La faute qu'il avait commise n'était qu'une imprudence juridique ; elle ne compromettait aucunement la base économique sur laquelle son existence était assise. Après comme avant le jugement de la cour, l'industrie de la raffinerie était invinciblement poussée vers la concentration. Après comme avant, les tarifs douaniers en fermant le marché américain, favorisaient la monopolisation d'une industrie très concentrée. Il ne s'agissait que de trouver une forme juridique inattaquable et d'en revêtir le Trust.

On la trouva, et comme il devait arriver quelques années plus tard le Standard Oil lors de sa dissolution apparente sous le le coup des « Anti-Trust-Law » dont nous allons parler, cette forme nouvelle, imposée en quelque sorte par les rigueurs de la législation, marqua un progrès dans l'énergie de la concentration. Le trust se releva plus puissamment organisé, plus étroitement lié dans toutes ses parties.

Il fut reformé pendant la liquidation même. Une compagnie se constitua, l'American Sugar Refining C°, qui acheta toutes les anciennes compagnies signataires du Trust, paya leurs actionnaires avec les actions nouvelles qu'elle émit ; les admettant tous au même titre individuel, et fusionna les raffineries. C'était la société monstre substituée à un groupement de sociétés !

Lorsque la loi fédérale contre les trusts eut été votée, l'attorney général des Etats-Unis voulut poursuivre l'American Sugar Refining C°, comme trust déguisé. Mais ce fut sans aucun succès. La Cour Suprême décida que, telle qu'elle avait été constituée, cette société n'était plus un trust, mais une corporation ordinaire (c'est-à-dire une société incorporée par sa charte) reconnue par les lois du New-Jersey, où elle avait pris naissance, et conforme aux règlements édictés par cet Etat. L'échec de la Common-law était complet.

*
* *

On voit par l'exemple que nous venons de donner qu'il y a toujours moyen de tourner une loi dont le sens est trop général comme celui de la Common law « in restraint of the trade. »

Cette loi est en effet excessive, et imprécise.

La faire passer dans nos codes avec un texte voisin de celui adopté en Amérique comme par exemple :

Tout contrat passé dans le but de restreindre le « marché d'une denrée est nul de plein droit » serait aller volontairement à un échec de cette loi ou à une crise commerciale sans précédents.

Quand on va du reste au fond des choses, on s'aperçoit que « juridiquement l'esprit de la Common law aboutit à constituer une sorte d'OBLIGATION DE VENDRE pour ne pas restreindre le marché. »

Il y a là une véritable atteinte à la liberté individuelle et sociale car on peut avoir avantage dans certain cas à ne faire aucune transaction et même, à ne vendre à aucun prix, pour attendre certaines éventualités prévues.

Je vais, même plus loin, si l'on institue « l'obligation de vendre » pour élargir le marché d'une denrée, pourquoi n'instituerait-on pas aussi un jour l'OBLIGATION D'ACHETER pour éviter l'obstruction du dit marché. L'un n'est pas plus absurde que l'autre.

En réalité on aboutit de la sorte à gêner et interdire même toute combinaison industrielle et commerciale, ce qui est contraire en vérité, à l'esprit moderne fait de liberté et d'initiative.

Toute imitation de l'article de la *Common law* « in restraint of the trade » nous paraît donc devoir être écartée de nos dispositions légales. Nous sommes d'accord en cela avec M. Raffalowich et ses amis.

Voyons les lois spéciales, les ANTI-TRUST-LAWS comme on les a appelées en Amérique.

*
* *

Une loi fédérale de Juillet 1890 (United Anti trust Law), déclare illégal « tout contrat, combinaison en « forme de Trust ou autrement, tout complot res- « treignant la liberté du commerce entre les Etats « fédérés ou avec les nations étrangères. »

« Toute personne qui aura fait semblable contrat « ou se sera engagée dans une semblable combi- « naison ou complot sera punie d'une amende de « cinq mille dollars ou d'un emprisonnement n'excé- « dant pas une année ou les deux peines, selon ce « qu'en décidera la Cour.

Une loi spéciale de l'Illinois de Juin 1891 vise plus directement encore le *Trust* c'est-à-dire la réunion de plusieurs sociétés industrielles ou commerciales autrefois concurrentes en un seul groupe, sous l'autorité de trustees.

Voici le texte :

« Toute corporation ou tout particulier qui con- « clura un arrangement quelconque (*pool trust, agree-* « *ment, combination, confédération or understan-*

« *ding*) avec toute autre corporation, société ou per-
« sonne particulière, pour régler ou fixer le prix d'une
« marchandise quelconque ou pour fixer ou limiter
« la quantité d'un article ou marchandise quelconque
« devant être fabriqué, extrait, produit ou vendu
« dans cet Etat, sera coupable de conspiration frau-
« duleuse (*shall be deemed and adjuged guilty of
« a conspiracy to defraud*) et passible des peines
« édictées par le présent act (section I).

« La section II déclare illégale l'émission des
« *Trust certificates.* La section V frappe d'une nul-
« lité absolue tout contrat passé en violation d'une
« seule des dispositions de la présente loi *(any con-
« tract or agreement in violation of any provision
« of the proceeding sections of this act shall be
« absolutely void). (1).*

Deux ans plus tard un amendement à l'act ci-
dessus prescrivait en outre aux présidents, sécrétai-
res ou trésoriers de toute société industrielle ou
commerciale, de prêter le serment solennel qu'ils
ne faisaient partie d'aucun *trust,* combinaison, *sous
peine de déchéance de leur charte d'incorporation !*

*

* *

On ne peut, plus rapidement, on en conviendra
atteindre les limites de l'absurde.

____

(1) Voir l'ouvrage de M. Ernst Von Halle, appendice V, p. 194 à
197 et 200.

En effet, la loi fédérale de Juillet 1890 déclare illégal tout contrat en forme de Trust. Et immédiatement se pose la question de la définition même du *Trust*, grande difficulté.

La section I de l'Anti-trust-Law du Texas, elle, a donné une définition très longue des trusts, preuve évidente que cette forme d'association ne revêt pas nécessairement des contours immuables. Immédiatement les objections se dressent.

Eh quoi ? c'est contre une forme d'association imprécise que l'on prétend sévir et non contre un acte délictueux en lui-même ?

C'est comme si on décrétait tout à coup que le fait de faire partie d'une société en commandite par actions devient un délit, alors même que les commanditaires n'ont encore rien fait de délictueux.

Les Anti-trusts-laws, sont donc des lois tendancieuses et rien de plus, une des plus mauvaises espèces de lois.

« Il y a mieux encore. Cette même loi de l'Illi-
« nois interdit à toute corporation ou *particulier*
« de conclure un arrangement quelconque *pool trust*
« *contrat combinaison, confédération* ou *entente* (au-
« tant de définitions à préciser) avec toute autre cor-
« poration ou particulier pour régler ou fixer le prix
« d'une marchandise *quelconque* ou pour fixer ou
« limiter la quantité d'un article ou marchandise
« *quelconque.* »

Cette loi est-elle assez naïve en son intransigeance ?

Il ne s'agit pas là, on le voit, de marchandises de première nécéssité — ce sont toutes les marchandises quelconques, (y compris les perles et le diamant) — et il s'agit de toutes corporations et de tous particuliers. Le seul fait de s'entendre constitue donc la *conspiration frauduleuse*.

C'est comme le complot contre la sureté de l'Etat qui peut être constitué par l'association de deux personnes au moins ! Deux particuliers, deux commerçants ne pourront donc s'entendre sur leurs affaires, ainsi le veut la loi de l'Illinois.

Si l'on rapproche cela de l'amendement de 1894 qui exige pour être comptable ou sécrétaire d'une société de prêter le serment qu'on n'appartient à aucun trust ! on se croira de plein pied dans le domaine d'une franc-maçonnerie nouvelle du commerce à laquelle il ne manquera bientôt plus que les signes « de détresse » et les « attouchements ».

Et de fait, très sérieusement, ces dispositions légales ridicules autant qu'excessives ont engendré aux Etats-Unis un état d'âme spécial dans le Commerce. On se sent un peu dans une « Maffia » d'un nouveau genre. Les trusts ont en effet subitement été remplacés par des combinaisons secrètes revêtant en apparence des formes inoffensives. Le *Standard Oil* a disparu, le *Sugar trust* s'est fondu en une Société unique. La loi faite contre les trust a été tournée puisque le trust n'existe plus. Voilà la faute originelle d'avoir visé « une forme extérieure et non un fonds délictueux. »

* *
*

Vingt huit Etats ont eu ensuite bientôt leur «*Anti-trust-law* conçue dans des termes à peu près identiques. L'Etat de New-York vient tout récemment de faire encore une loi à ce sujet (7 mai 1897 voir chap. 373 Laws of New-York). Cette loi édicte encore des sévérités nouvelles qui peuvent donner lieu à des tracasseries particulières. La rédaction en est telle que prises au pied de la lettre, elles empêcheraient toute opération commerciale, résultat assez comique pour un instrument destiné à défendre la liberté du Commerce.

« Dans seize Etats dit M. Dodds avocat bien connu « il est criminel de s'entendre à deux pour fixer la « quantité de n'importe quel article à fabriquer, ex- « traire, produire ou vendre, criminel aussi de s'en- « tendre en vue de l'augmentation ou de la diminu- « tion des prix. »

Enfin, au Canada où les trusts avaient envahi jus- qu'aux entreprises de construction des Ecoles et des pompes funèbres, on s'est borné à nommer une Commission d'enquête dont les conclusions ont abou- ti à une loi qui punit toute « campagne menée en « vue de hausser les prix. »

On le voit c'est déjà un dispositif plus modeste et plus sensé.

En résumé, toutes ces tentatives de législation sont marquées, qu'on nous permette de le dire irrespectueusement au coin du grotesque.

C'est la loi des suspects en matière commerciale, et c'est le contraire de la liberté.

Comme toutes ces lois s'appliquent uniquement à une forme d'association mal définie et à peu près inconnue en Europe, le trust, nous estimons nettement qu'il n'y a pas un mot à prendre pour nous dans les législations américaines. Elles sont du reste entachées de passion politique ; elles sont mal venues, sans cohésion entr'elles, elles ont été sans efficacité, ce qui les condamne.

Après examen, c'est en Autriche que les passions européennes se sont déchaînées avec le plus de violence contre les accaparements.

Le 11 Mai 1891 à lieu une discussion mémorable à la Chambre des Députés de Vienne.

Le député styrien Hofmann (du parti national allemand) développe un projet de loi destiné à réprimer les accaparements. Il cite l'exemple des rings, d'importation américaine, qui ont causé tant de désastres et qui, pour la plupart, ont amené la ruine des accapareurs eux-mêmes. Il s'élève surtout contre les manœuvres tendant à hausser les prix des grains et cite les paroles de M. VIETTE, ancien ministre de l'agriculture, à la tribune française, au sujet du congrès des grainetiers de Vienne en 1890 : « C'est une assemblée de coupe-bourses. » M. Hofmann prédit que, si ces accaparements et les spéculations actuelles continuaient, on verrait la guillotine fonctionner à la porte de la Bourse.

M. Lueger a prononcé une violente philippique contre les spéculateurs en grains et autres, et il a demandé qu'ils fussent traités comme des joueurs de jeux prohibés et reconduits chez eux de brigade en brigade. Il s'est plaint de la lâcheté du gouvernement, qui n'osait pas sévir.

Quelques spectateurs ayant applaudi, le président Smolka a menacé de faire évacuer les tribunes.

Finalement, la motion de M. Hofmann a été renvoyée à la commission d'économie politique, qui a été portée à trente-six membres pour la circonstance.

Disons de suite que la motion de M. Hofmann visurtout les spéculations sur les blés qui se faisaient à cette époque sur une grande échelle en Allemagne et en Autriche.

Sur cette question du pain, il est difficile de conserver son sang-froid et les vieux levains du XVIII⁰ siècle sont toujours prêts à fermenter.

Est-ce à dire que l'Autriche soit complètement désarmée contre les accaparements ?

11.

On a, il est vrai, abrogé les dispositions du Code pénal de 1852, § 479 & 480 qui punissait « toute en-« tente entre entrepreneurs pour hausser les prix « ou maintenir la hausse, de 3 mois de prison et « les participants de 3 jours à un mois de la même « peine. »

Ces articles ont été remplacés par la loi de coalition de Janvier 1870 beaucoup plus vague, dans laquelle cependant il est dit : « que toute entente « entre industriels dans le but de faire hausser les « prix au détriment du public serait punie et que les « engagements contractés avec ces derniers seraient « nuls. »

C'est, on le voit, un peu l'esprit de la Common-law d'Amérique.

* * *

Les propositions du député Hofmann ont offert un caractère plus précis et plus menaçant. Voici les passages de son discours dans la fameuse séance du 11 Mai 1891. (Nous croyons utile de donner à nos lecteurs un aperçu des textes, même les plus comminatoires, afin qu'ils se forment avec nous une conviction).

M. Hofmann. Pour les bases de la loi (contre les accaparements) je partage les vues de la Chambre de Commerce et de l'Industrie et spécialement les développements de M. le Conseiller Strobl.

« Seront poursuivies toutes sortes d'associations
« dans le but d'opérer de gros achats et d'entasser ex-
« clusivement un article pour provoquer la hausse, ou
« bien qui par de fortes ventes amèneraient une baisse
« insensée ; seront défendues toute spéculation sur mar-
« chandises et ne seront tolérées que les affaires *avec*
« *livraisons.* »

Je sais bien a ajouté l'orateur que néanmoins certains spéculateurs continueront leur trafic : raison de
plus de décréter une loi sévère, et pour les cas où l'on
ne peut prévenir les délits agir avec rigueur. (*Très bien*)

« Les Cartels d'entrepreneurs qui opèreront sur la
« matière première, sur des objets de première néces-
« sité sur les produits des mines et du minerai, seront
« poursuivis judiciairement.

On le voit, le principe de la limitation des accaparements aux matières premières de première nécessité
s'est imposée aussi à M. Hoffmann comme à nous.

« Les cartels d'industrie ne devront plus rien avoir
« de secret et seront soumis au contrôle du Gouverne-
« ment leurs traités approuvés par l'Etat. »

Ainsi, continue M. Hoffmann, le Gouvernement sera
alors à même d'arrêter les abus qui se produisent dans
les *Cartels.*

Enfin il apparait urgent que la loi impose aux *cartels*
certaines conditions pour garantir la liberté des ouvriers.

Ce serait une injustice criante si le Gouvernement
tolérait les coalitions des entrepreneurs et s'il défen-
dait aux ouvriers toute tentative d'association ayant
pour but d'améliorer leur propre sort.

Dernièrement un journal financier de Vienne par-
tisan des cartels a trouvé que le Juge serait souvent
embarrassé de distinguer dans les cartels les bons des
mauvais.

L'essentiel est d'exiger que « tout cartel soit autorisé et surveillé par le Gouvernement » et dans ces condition on évitera les embarras du Juge. (*Très bien*).

La pression exercée sur le gouvernement autrichien a été telle que l'Empereur François-Joseph a dû déposer un projet de loi sur les Kartells. Ce projet un peu selon les vues de M. Hofmann, est en ce moment pendant devant les Chambres. Il n'a trait qu'aux Kartells sur le sucre, l'eau-de-vie, la bière, l'huile minérale, le sel, c'est-à-dire sur les denrées de première nécessité et soumises à des impôts indirects.

Cette proposition, la seule émanant d'un gouvernement européen doit être, pour cela même reproduite. Elle est pleine d'enseignements et montre l'incroyable difficulté de légiférer sur la matière.

En voici la teneur :

Loi sur les Syndicats relatifs à des objets de consommation soumis à des impôts indirects.

D'accord avec les deux chambres du Conseil fédéral, j'ai décidé d'ordonner ce qui suit :

Article premier. — Lorsque des personnes indépendantes entreprennent d'influencer par une action commune, et plus particulièrement par une entente tendant à restreindre ou à supprimer la libre concurrence, — dans leurs conditions de production, d'achat (prix) ou de débouché, — d'objets de consommation tels que le sucre, l'eau-de-vie, la bière, l'huile minérale, le sel, lesquels sont soumis à un impôt en relation étroite avec leur production industrielle, — l'association d'entreprises semblables (syndicats) est placée sous le contrôle de l'Etat, d'après la présente loi.

Cette même surveillance subsiste pour des syndicats ayant leur siège à l'étranger, lorsque leur activité doit s'étendre à l'intérieur, ainsi qu'à l'union de plusieurs syndicats semblables à l'intérieur du pays, de même qu'à une union contractée entre des syndicats de l'intérieur et des unions semblables existant à l'étranger.

Art. 2. — Pour la validité d'un syndicat (article premier) il faut que ses statuts soient dressés pardevant notaire, de façon à faire ressortir clairement :

1) Le but et les moyens du syndicat ;

2) La partie ou branche de son activité (exploitation), ainsi que le nombre des syndiqués, nom (firme) et étendue de l'activité de chacun d'eux ;

3) Les droits et les devoirs de ses membres, les peines convenues, de même que les cautions à fournir par ces membres.

4) Le siège du syndicat ; lorsque ce siège se trouve à l'étranger il sera nécessaire d'indiquer celui de la personne chargée d'en administrer les affaires à l'intérieur, ou de son représentant ;

5) Les traits essentiels de son mode d'opération et de direction ;

6) La représentation à l'extérieur ;

7) La durée pour laquelle le syndicat a été fondée ;

8) Les conventions éventuelles relatives aux décisions à prendre en cas de différends pouvant se produire dans le syndicat.

Art. 3. — Les syndicats tombant sous la présente loi ne sont plus soumis aux prescriptions de l'article 2 de la loi du 7 avril 1870 (R. G. Bl. n° 43), en tant que d'après l'article 4 de cette loi elles s'étendraient aux conventions relatives à des prix de marchandises.

Quant au reste, les prescriptions de l'article 2 de ladite loi restent en vigueur ; des conventions ou des unions du genre y cité, ne pourront être violées, ni par des statuts, ni par les décisions d'un syndicat (article 1).

L'application des autres prescriptions relatives à des associations n'est pas suspendue par la présente loi.

Art. 4. — Les statuts des syndicats doivent être déposés ou déclarés.

Cette déclaration devra être faite au Ministère des Finances, au plus tard dans les huit jours de l'adoption des statuts.

Toute modification des statuts, pour la validité de laquelle l'acte notarié est également nécessaire, savoir l'admission ou le retrait des membres, de même que la dissolution du syndicat, devront être déclarées dans la même forme.

Les statuts d'un syndicat, ainsi qu'une modification dans sa onstitution, devront être déposés au Ministère des Finances, ar le notaire, en cinq expéditions légalisées.

Pendant une période de quinze jours, comptée à partir du jour de la déclaration, aucun syndicat nouvellement constitué ne pourra commencer à agir, ni aucun changement apporté ne devra être mis en application.

Toutes les décisions prises par un syndicat, telles que fixation de prix, des quantités à produire, des proportions des achats et des livraisons, devront être communiquées immédiatement, et au plus tard dans les vingt-quatre heures au Ministère des Finances.

Art. 5. — Les statuts de syndicats ou ses changements, les décisions qui y auront été prises et dont le but est de fixer des prix, des productions, des conditions d'achat ou des envois à des débouchés intérieurs, seront accompagnés, en même temps que d'une déclaration conforme à l'article 4, d'une copie complète et légalisée à consigner dans un registre spécial des syndicats qui sera tenu à cet effet au Ministère des Finances.

Ce registre sera public. Tout le monde pourra en prendre connaissance et obtenir, moyennant couverture des frais, des copies légalisées de son contenu.

Toute copie déposée au registre des syndicats devra être immédiatement publiée dans les feuilles publiques que tous les ans le Ministre des Finances désignera d'avance à cet effet.

Des prescriptions plus détaillées relatives à la disposition de ce registre des syndicats seront fixées par un règlement.

Art. 6. — Les membres du syndicat sont tenus de faire eux-mêmes, ou de faire faire par un représentant spécialement nommé à cet effet, des rapports conformes aux déclarations prescrites par les articles 4 et 5.

Art. 7. — Le Ministère des Finances est chargé de la surveillance que l'Etat doit exercer sur les syndicats désignés dans l'article premier.

Dans ce but il lui est réservé le droit de prendre connais sance de tous les livres et notes commerciales du syndicat, de visiter ses bureaux et magasins et d'en examiner l'exploitation, d'exiger, sur toutes ses affaires, les renseignements nécessaires aussi bien de ses directeurs et chefs, que de ceux qui participent à ses affaires, et cela relativement à l'extérieur aussi bien que par rapport à ses propres membres.

L'obligation de communiquer ces renseignements ne s'étend cependant pas aux dispositions et procédés techniques secrets.

Art. 8. — Le ministre des finances a le pouvoir d'interdire l'exécution des décisions de syndicats caractérisées par le dernier alinéa de l'article 4, lorsque, par suite de la situation économique de l'industrie correspondante, (notamment par les circonstances déterminantes des prix, de la concurrence, ou d'autres facteurs essentiels) ces décisions paraissent sans motifs, ou lorsqu'elles paraissent devoir exercer une influence nuisible sur le rendement des impôts rentrant dans l'article 1er, ou sur la puissance d'imposition ou de consommation de la population, soit en augmentant le prix d'une marchandise ou d'une prestation au détriment de l'acquéreur ou du cédant, soit en l'abaissant d'une manière nuisible pour le producteur ou le prestateur.

De même pourra être interdit un syndicat, ou la modification de ses statuts, lorsque ce syndicat poursuit l'un des buts caractérisés dans l'alinéa précédent.

Dans ce cas il y a lieu d'entendre les directeurs du syndicat, et éventuellement aussi ceux qui y participent.

Le ministère des finances décide, par lui-même, et en s'appuyant sur un examen consciencieux, si les conditions supposées ci-dessus existent ou non.

Le Ministère des finances devra interdire un Syndicat lorsque celui-ci enfreint les prescriptions des article 3, alinéa 2.

Art. 9. — Lorsque le Ministère des Finances dissout un syndicat en vertu de cette loi (article 8, 14 et 20), interdit une modification de ses statuts, ou une décision prise dans les conditions désignées dans l'article 4, l'existence du syndicat en général, ou seulement celle basée sur la modification des statuts, ou encore l'exécution de la décision prise par le syndicat (article 4 dernier alinéa) restent interdites, et les statuts visés par cette interdiction, leur modification ou la décision du syndicat (article 4, dernier alinéa) perdent leur validité.

Un copie légalisée de chacune de ces interdictions devra être déposée au Registre des syndicats et publiée suivant les prescriptions de l'article 5.

Art. 10. — Le Ministère des Finances peut exiger en tous temps de la Direction d'un Syndicat (article premier) le dépôt d'un cautionnement dont il déterminera l'importance en tenant compte de l'étendue d'action du Syndicat, ce cautionnement pouvant s'élever jusqu'à deux cent mille ducats.

Cette somme est destinée à garantir, d'après les prescriptions de la présente loi, l'activité déployée par le syndicat (article 20).

Le mode de prestation, de dépôt et d'emploi d'une caution sera arrêté par un règlement.

Art. 11. — Le Ministère des Finances constituera, sous la présidence de son Ministre ou de celle du Délégué qu'il nommera à sa place, une commission spéciale de douze membres, dont le Ministre choisira la moitié parmi les employés de son ministère et de ceux des autres ministères intéressés, et l'autre moitié parmi des personnes compétentes, et cela pour une période déterminée. Ne pourront pas être membres de cette commission des fonctionnaires en activité au service des Contributions.

Avant toute interdiction d'un syndicat, ou d'une décision prise par celui-ci (article 8) le Ministère est tenu de recueillir l'avis de la commission.

En dehors de décisions semblables, le Ministère des Finances pourra la charger d'exercer sur le Syndicat, dans le sens de la présente loi, la surveillance de l'Etat.

Pour l'exécution de ses fonctions de contrôle, le Ministère, ou la commission qu'il en aura chargée, pourra s'adjoindre, pour chaque cas particulier, ou à poste fixe, un ou plusieurs commissaires. Ces derniers jouiront, pour soulever les objections nécessaires, des droits mentionnés dans l'article 7, alinéa 2, mais ils ne pourront faire partie du Service actif des Contributions.

Les prescriptions détaillées relatives à la composition et au cercle d'activité de la commission, ainsi qu'à la compétence des commissaires, seront fixées par voie de règlement.

Art. 12. — Les membres de la commission et le commissaire devront, en tant qu'ils ne sont pas déjà fonctionnaires de l'Etat et en activité, promettre le secret au président. Pour les employés de l'Etat le serment prêté comme fonctionnaire suffira pour garantir le secret du service.

L'obligation du silence s'impose en particulier, quant au secret le plus strict, relativement à toutes les questions d'affaires et de service.

Art. 13. — La présente loi est également applicable aux syndicats déjà existants; ceux-ci devront, dans le délai d'un mois à partir de son entrée en vigueur, faire les déclarations prescrites (article 4) en rapport avec la situation du jour.

Art. 14. — Lorsqu'une des déclarations prescrites (articles 4 et 13) n'aura pas été effectuée dans le délai voulu, une amende pouvant s'élever jusqu'à deux mille ducats, sera à imposer, pour cette négligence, au directeur du syndicat, ainsi qu'à tous les membres qui en font partie, ou à leur représentant et pour des Sociétés ou des personnes juridiques, à leur représentant, et dans chaque cas particulier proportionnellement à la faute commise.

Le notaire qui ne remplit pas ses fonctions, telles que prescrites article 4, sera puni de la même amende.

Le refus de fournir les renseignements demandés, en vertu de la présente loi, par l'administration de l'Etat, sera puni, pour les personnes mentionnées dans le premier alinéa, d'une amende pouvant s'élever jusqu'à cinq mille ducats. En cas de nouveau refus le Ministère des finances pourra dissoudre le Syndicat.

Art. 15. — Est coupable d'un délit et punissable de huit jours à trois mois de prison et d'une amende de cent à cinq mille ducats, celui qui sciemment ou par grossière négligence aura fourni, relativement aux déclarations à faire ou aux renseignements à donner d'après la présente loi, des indications fausses ou essentiellement incomplètes pour pouvoir juger de l'activité déployée par le syndicat.

Art. 16. — Est coupable d'un délit et punissable de un à six mois de prison, et d'une amende de deux cents à dix mille ducats, celui qui sciemment ou par grossière négligence aura :

1) pris part aux opérations d'un Syndicat (article 1) contrairement aux défenses légales ou avant que ne soit écoulé le délai prescrit dans l'avant dernier alinéa (article 4) ;

2) exécuté une décision syndicale interdite ;

3) fait partie d'un syndicat (article 1) opérant :

a) D'après des statuts non déposés ;

b) Sans observer ces statuts ;

c) D'après des alliances autres que celles mentionnées dans les statuts ;

d) Sans statuts ;

4) Qui transgresse la défense faite article 3, alinéa 2.

Art. 17. — Lorsque les membres de la Commission (articles 11 et 12), non fonctionnaires de l'état en activité de service, rompent le secret promis, le Ministre des Finances pourra les révoquer immédiatement de leurs fonctions.

En cas de circonstances graves une amende pouvant s'élever jusqu'à mille ducats pourra en outre être prononcée.

Les employés de l'état qui trahissent le secret de leurs fonctions seront punis disciplinairement suivant les règlements.

Art. 18. — L'application des peines disciplinaires des articles 15 et 17, alinéa 2 appartient aux autorités politiques locales contre la décision desquelles il pourra être fait appel dans les quinze jours auprès du ministère des Finances.

Est compétente l'autorité politique locale dans le ressort de laquelle la faute aura été commise.

Les amendes seront versées au Trésor de l'Etat.

Les actes coupables prévus dans les articles 15 et 17 sont de la compétence des tribunaux ordinaires, et seront poursuivis d'office.

En cas de transformation d'amende, la peine la plus élevée prévue pour l'emprisonnement ne pourra pas être dépassée.

Art. 19. — L'entrepreneur des opérations d'un syndicat est responsable, sans répartition des peines prononcées d'après la présente loi contre son représentant.

Cet entrepreneur est responsable de la même manière, des amendes prononcées contre son représentant à l'occasion d'une transgression (article 15) commise relativement à un rapport sur les déclarations prescrites.

L'entrepreneur est également responsable, sans division, pour d'autres amendes prononcées en vertu de la présente loi contre le dit représentant pour d'autres fautes, lorsque cette faute aura été commise à sa connaissance ou sur son ordre, ou lorsqu'il aurait pu la prévenir par une attention ou des soins appropriés.

Cette responsabilité est prononcée par la voie des tribunaux civils.

Art. 20. — Le cautionnement (art. 10) déposé par la direction d'un syndicat répond, du jour de son dépôt, pour le directeur, un membre ou son représentant, lorsqu'une peine ou une amende aura été prononcée. L'administration de l'Etat peut disposer en premier de cette caution pour le montant des peines prononcées.

Dans les cas de l'article 16, paragraphes 1 et 2, le ministère des finances, après avoir entendu la commission (article 11), pourra déclarer le cautionnement entièrement ou partiellement déchu.

Les montants des cautionnements ainsi déchus sont à verser au Trésor.

Lorsque le cautionnement demandé par le ministère n'est pas versé dans les quinze jours à partir de cette demande, ou lorsqu'il n'a pas été complété après expiration du même délai, le ministère des finances pourra prononcer la dissolution du Syndicat (article 1ᵉʳ), ou faire rentrer le montant total ou partiel de ce cautionnement par « exécution politique ».

Art. 21. — Sont chargés de l'exécution de la présente loi, qui entrera en vigueur le jour de sa promulgation, Mes Ministres des Finances, de l'Intérieur, de la Justice, du Commerce et de l'Agriculture.

Tels sont tous les documents sur la question.

Devons-nous emprunter aux tendances des législateurs autrichiens quelques dispositions nouvelles dans le genre de celles que propose M. Hoffmann ?

Ou bien devons-nous préconiser la proposition du gouvernement autrichien ?

Il y a plusieurs choses dans la motion Hofmann.

1° Le délit de coalition, pour faire hausser ou baisser le prix des denrées au-dessus ou au-dessous des prix qu'auront déterminés la libre concurrence. C'est celui qui est inscrit à notre article 419. Nous n'en parlerons pas.

2° Un principe nouveau est celui qui *prohibe les spéculations sur marchandises et ne tolère que les affaires avec livraisons.*

Dernièrement, la question a été agitée en Angleterre et en Allemagne. Elle a même été agitée à Berlin par le gouvernement au sujet des Valeurs de Bourse.

Au fond, c'est la question de la légitimité de la spéculation qui est posée indirectement.

Nous ne croyons pas qu'à propos d'une loi spéciale, visant en somme les excès de la spéculation sur des marchandises et même sur des matières premières, il y ait lieu de frapper d'un seul coup toutes les activités humaines, de proscrire toutes spéculations, toutes les opérations à terme. On a vu, simplement, par certaines petites entraves apportées dernièrement au marché financier de Paris pour l'introduction des valeurs étrangères, le dit marché refluer vivement vers Bruxelles et abandonner la capitale. Cela donnera une faible idée des répercussions qui pourraient atteindre les peuples qui proscriraient — dans un accès de vertu farouche —toute spéculation.

Aussi croyons-nous qu'il ne faut pas mêler la question de l'accaparement de certaines denrées avec la question des marchés à terme. On ne ferait que de mauvaise besogne c'est une question à écarter.

3° Un troisième point essentiel de la motion Hofmann, c'est : « la surveillance spéciale de l'Etat appelée sur les Kartells d'industrie, Kartells d'entrepreneurs opérant sur la matière première, sur des « objets de première nécessité, sur les produits des « mines et du minerai. »

La proposition de loi du gouvernement autrichien que nous ne nous donnerons pas même la peine de critiquer, montre à quelle débauche d'arbitraire et de mesures impraticables, on peut arriver avec les meilleures intentions du monde.

On n'a qu'à jeter un coup d'œil sur les articles 7, 8, 9 et suivants de la loi proposée par le gouvernement, pour s'assurer que le pouvoir donné au ministre des finances de s'immiscer dans la comptabilité, la correspondance et les délibérations de contrôler les magasins, les livraisons, les achats et jusqu'aux propositions de contrat des syndicats ou entreprises, est une odieuse atteinte à la liberté du commerce.

Et n'y a-t-il pas quelque chose de cynique dans les dispositions de cette loi, qui réprime sévèrement l'accaparement pour ce qui touche les monopoles et les impôts de l'Etat mais laisse la collectivité parfaitement désarmée et sans défense vis-à-vis des autres accaparements sur les blés et farines, par exemple ?

Nous plaindrions un gouvernement qui s'engagerait dans une pareille voie. Quel est l'Etat sensé qui voudrait prendre la responsabilité de sanctionner par son intervention, les abus qui pourraient se produire dans tel où tel syndicat soumis à sa surveillance ? L'Etat allemand a refusé de reconnaître officiellement — tout en sympathisant avec lui — le syndicat des houilles de la Westphalie. Et encore, le gouvernement lui-même est un collègue de ce syndicat, puisqu'il possède les mines de la Sarre et un certain nombre d'exploitations minières fiscales. L'Etat allemand lui-même est donc un *Kartelliste* si l'on peut s'exprimer ainsi.

Mais voit-on en France, le gouvernement prenant sous son aile et surveillant paternellement les opérations de tel ou tel Comptoir ?

Et puis il faudrait toujours en arriver à un classement des syndicats. On ne peut proscrire toutes les ententes, sur tous les genres de fabrication dans tous les commerces. Il faudrait donc toujours en venir à séparer les bons des mauvais syndicats, ceux qu'il faut surveiller, ceux qu'on peut laisser opérer, ceux qui portent sur les matières premières de première nécessité et ceux qui portent sur les objets de luxe.

Nous constituerions ainsi des catégories de suspects placés sous la surveillance d'une nouvelle haute police, dite des accaparements.

Toutes ces choses-là ne supportent pas l'examen, croyons-nous.

***

En ce qui touche particulièrement la France :

Sommes-nous du reste aussi désarmés que l'on semble le croire sous ce rapport et les Administrations des Mines par exemple n'exercent-elles pas une surveillance assez active sur toute l'industrie minière dont elles sont appelés à connaître, l'extraction, la vente, les bénéfices, pour asseoir la redevance à l'Etat ? Ainsi toute une catégorie de marchandises et — nous l'avons démontré — non des moins importantes, se trouvent déjà sous la surveillance de l'Etat en France et dans les autres pays voisins. Il suffirait à un Ministre des Travaux Publics, d'attirer l'attention de ses fonctionnaires par une circulaire sur tels et tels agissements pour être immédiatement renseigné sur des tentatives d'accaparement ou des ententes illégales.

Enfin en dehors de toutes les considérations qui précèdent, nous repoussons toujours, en principe, les ingérences de l'Etat. Il surveille déjà tant de choses, il gère déjà tant de caisses, il prend la responsabilités de tant d'administrations, que le besoin de créer un nouveau Ministère de Surveillance de l'Industrie et du Commerce ne se fait pas sentir pour nous.

Bref, nous estimons que le délit de coalition étant suffisamment prévu dans nos codes, il n'y a pas lieu de prohiber en bloc les spéculations sur marchandises ni d'instituer, en dehors des lois spéciales touchant les sociétés, une surveillance particulière de certains genres d'association.

En réalité, c'est la liberté d'association qui est en jeu. Pour notre part, nous n'admettrons pas qu'on puisse lui porter de nouveaux coups.

Voilà pourquoi, sur cette seconde question :

Faut-il édicter de nouvelles lois contre l'accaparement ? nous répondrons :

— Non, pour le moment tout au moins, car on ne peut pas préjuger de l'avenir.

Pour le moment tout au moins, ajoutons-nous, car le mouvement syndicataire n'est qu'à ses débuts. Il peut, dans l'avenir, prendre des proportions auprès desquelles le mouvement actuel serait pour ainsi dire insignifiant. Nous avons parlé de la fédération internationale des syndicats, c'est un danger il s'en présentera peut-être d'autres. Mais peut-on faire des lois en prévision de dangers futurs ?

Evidemment non. Nous préconisons la réunion d'une conférence internationale, pour tâcher d'unifier les législations et examiner le cas spécial de l'accaparement international. C'est la seule mesure que nous croyions utile actuellement.

Examinons le dernier cas. La modification des lois existantes.

III

Faut-il améliorer,

moderniser la législation existante

sur l'Accaparement ?

III

FAUT-IL AMELIORER, MODERNISER LA LEGISLATION EXISTANTE SUR L'ACCAPAREMENT ?

Il résulte de tout ce que nous venons d'étudier sur les législations existantes que le délit de coalition d'entente, *in restraint of the trade*, comme disent les Américains est vaguement inscrit dans presque tous les codes. Seule l'Angleterre nous. l'avons dit, a abrogé toutes les lois de 1772 et 1844 sur la matière. Elle y reviendra peut-être.

Quand on va au fond des choses, on finit donc par reconnaître que c'est encore l'article 419 du Code Pénal qui est le plus complet, le plus explicite et le plus efficace.

Le législateur a su éviter l'écueil dans lequel sont tombées toutes les législations répressives nouvelles, en vigueur ou en projet et qui consiste à viser une forme d'association c'est-à-dire la surface et non le fond ou le délit en lui-même.

Relisons donc l'article 419 auquel il faut toujours

revenir et voyons s'il y a lieu d'y apporter quelques modifications.

419. — Tous ceux qui par des faits faux ou calomnieux semés à dessein dans le public, par des suroffres faites au prix que demandaient les vendeurs eux-mêmes, par réunion ou coalition entre les principaux détenteurs d'une même marchandise ou denrée, tendant à ne pas la vendre ou à ne la vendre qu'un certain prix, ou qui, par des voies et des moyens frauduleux quelconques, auront opéré la hausse ou la baisse du prix des denrées ou marchandises ou des papiers ou effets publics au-dessus ou au-dessous des prix qu'aurait déterminé la concurrence naturelle et libre du commerce, seront punis d'un emprisonnement d'un mois au moins, d'un an au plus, et d'une amende de cinq cents francs à dix mille francs. Les coupables pourront de plus être mis, par l'arrêt ou le jugement, sous la surveillance de la haute police pendant deux ans au moins et cinq ans au plus.

Rappelons enfin notre définition de l'accaparement : **Pages 23 à 32.**

L'accaparement est une coalition frauduleuse, visant la production ou la limitation de production, la vente ou l'achat, de choses de première nécessité.

Reprenons maintenant en détail l'examen de cet article 419 et voyons ce qui est défectueux, démodé ou inexistant.

* *
* *

Tous ceux qui par des faits faux ou calomnieux semés à dessein dans le public....

Ce préambule est à maintenir intégralement. Il détermine un des caractères que doit avoir l'accaparement c'est à dire qu'il établit : « l'intention de nuire » exigée par les arrêts de la Cour de Cassation. On se souvient que dans les arrêts des 24 Décembre 1812 ; 1er Février 1834 ; 29 Mai 1840 ; 9 avril 1863, elle a prononcé que l'article 419 n'était applicable que lorsque la hausse ou la baisse avait suivi les moyens frauduleux.

* *
* *

L'article 419 continue ainsi :

...qui, par des suroffres faites aux prix que demandaient les vendeurs eux-mêmes...

Cette manœuvre spéciale des suroffres, n'a jamais été clairement comprise. On ne conçoit pas très bien des négociants modernes allant offrir de payer plus cher une marchandise qui leur est offerte à un prix plus bas. Cela pouvait se passer autrefois pour certaines denrées achetées en public dans les marchés aux blés par exemple, mais aujourd'hui les cours d'une valeur ou d'une marchandise résultent, pour les choses principales, de cotes établies, soit par des agents de change assermentés, soit par des mercuriales souvent officielles, soit par des Bourses de Commerce, soit par des feuilles publiques dont cela est la fonction, soit enfin par des moyennes internationales qui échappent le plus souvent aux influences personnelles de tel ou tel spéculateur.

Si néanmoins on veut conserver dans la loi, et je crois que cela peut-être utile le délit consistant à opérer des manœuvres dans le but d'influer sur les cours d'une marchandise ; il ne faudrait pas viser seulement le cas des « suroffres » mais le cas de la non quotation, par exemple, des offres à la baisse, bref, tous les cas qui aujourd'hui dans les Bourses de commerce ou autres peuvent se présenter sous les formes les plus multiples. Nous estimerions donc qu'il serait bon de supprimer de l'article 419 les termes :

...qui par des suroffres faites au prix que demandaient les vendeurs eux-mêmes. . et de les remplacer par une rédaction plus complète, plus large, comme celle-ci par exemple :

Tous ceux... *qui par des manœuvres tendant à fausser les cours...*

*
* *

L'article 419 continue ainsi :
...par réunion ou coalition entre les principaux détenteurs d'une même marchandise ou denrée...

Les mots « par réunion ou coalition entre les principaux détenteurs » sont à conserver, ils ne visent pas un mode d'association déterminée, un trust ou un cartel, ils visent simplement la réunion, la coalition, sous les formes quelconques qui dans le présent ou dans l'avenir pourront incarner les diverses manifestations de l'activité industrielle ou commerciale « Réunion, coalition » auront toujours la même signification dans notre langue et ce sont ces termes précis et généraux en même temps qui ont constitué la supériorité évidente de notre législation sur toutes celles qui ont été maladroitement élaborées depuis.

*
* *

La phrase ci-dessus se continue par les mots suivants : *« les principaux détenteurs d'une marchandise ou denrée, »*

C'est là que se posent les plus graves questions. «Marchandise » est, nous l'avons démontré dans un de nos chapitres, un mot trop vague, trop dangereux. Il embrasse tout. Tout est marchandise : le coton, le métal, la soie, l'art, le travail, etc... Si de plus on admet avec nous que la « matière ouvrée » ne peut donner lieu à un accaparement coupable, il faut changer le mot «marchandises » et le remplacer par les mots précis que j'ai préconisés de « matière première » et y ajouter même ce qualificatif que nous avons tout spécialement étudié « de première nécessité ». C'est le mot même du décret de la « Convention ».

C'est l'idée maîtresse qui apparait, même dans les projets extrêmes, comme ceux de M. Hoffmann ou du gouvernement autrichien et qui donne à l'article 419 son véritable caractère de « loi sociale. »

Enfin, doit-on conserver le mot denrée qui a le désavantage de ne désigner rien spécialement mais qui pourrait être maintenu si on le faisait suivre selon l'esprit du législateur de 1808 du mot « alimentaire » qui précise bien la portée du mot.

Il ne faut pas oublier que dans les cas exceptionnels, dans les famines — que nous ne pouvons pas avoir la prétention d'éviter toujours — dans les sièges comme en 1870, le spectre de l'accapareur de farines peut renaître aux yeux de la foule. Conservons donc cette arme dans notre code.

Du reste, nous proposerons tout à l'heure l'abrogation de l'article 420 qui vise le vin, le pain, la farine, etc... nomenclature limitative à laquelle il est préférable de substituer le mot de « denrée alimentaire.»

On peut dès lors rédiger comme suit ce passage.

Tous ceux qui... *par réunion ou coalition entre les principaux détenteurs d'une même matière première ou denrée alimentaire de première nécessité...*

*
* *

...tendant à ne pas la vendre ou à ne pas la vendre qu'un certain prix.

Cette disposition qui caractérise bien le délit doit être conservée, à notre avis, mais elle ne vise que la vente et l'on a vu de quelle importance dans nos modernes concentrations industrielles étaient les questions de production. Il faudrait donc viser aussi le cas de la limitation abusive de la production pouvant alarmer la consommation générale.

Nous tenons beaucoup à ce que cette notion de la consommation générale alarmée, soit introduite dans la loi (comme elle l'a été dans l'article 49 de la loi de 1810 sur les mines) car il ne suffirait pas de restreindre le marché d'une matière première ou d'une denrée, pour être passible de l'application de l'article 419, il faudrait que l'on prouvat que la consommation générale a été gênée, alarmée et restreinte.

La rédaction serait la suivante :

Tous ceux qui... par réunion ou coalition entre les principaux détenteurs d'une même matière première ou denrée alimentaire de première nécessité, tendant à ne pas la vendre ou à ne la vendre qu'un certain prix, à ne pas la produire ou à ne la produire qu'en quantité insuffisante pour la consommation générale.

***

L'article 419 dit ensuite... *ou qui, par des voies et des moyens frauduleux quelconques, auront opéré la hausse ou la baisse du prix des denrées ou marchandises ou des papiers ou effets publics au-dessus ou au-dessous des prix qu'aurait déterminé la concurrence naturelle et libre du commerce...*

La mention « des voies et moyens frauduleux quelconques » est à conserver comme condition essentielle du délit d'accaparement. C'est cette phrase qui sauvera toujours les syndicats loyaux et opérant au grand jour, des atteintes de la justice, car ils pourront toujours prouver qu'ils n'ont usé d'aucuns moyens frauduleux.

Le reste de la phrase va bien également, sauf le mot marchandise à changer en « matières premières ou denrées alimentaires » comme il a été dit ci-dessus.

Il y a en outre la mention des « **papiers ou effets publics** » qui est totalement démodée. Les titres, nous l'avons démontré, ne peuvent donner lieu à l'accaparement ce ne sont pas des matières premières de première nécessité. Les affaires de Bourse sont régies par des dispositions légales spéciales. Quant aux fonds publics, les gouvernements ne sauraient craindre aujourd'hui un semblable accaparement et dans tous les cas, ils trouveraient facilement des armes d'exception pour se défendre contre lui et en avoir raison.

Du reste, la jurisprudence a admis la coalition en matière de valeurs de bourse. (Voir l'arrêt relatif au Crédit général français.)

Il est donc inutile d'introduire dans la loi cette mention particulière qui pouvait avoir sa raison d'être au commencement du siècle, alors que la dette publique était encore suffisamment faible pour pouvoir donner lieu à des essais d'accaparement.

Le passage pourrait donc être rédigé comme suit :

... ou qui par des voies et des moyens frauduleux quelconques auront opéré la hausse ou la baisse du prix des matières premières ou denrées alimentaires, au-dessus ou au-dessous des prix qu'aurait déterminé la concurrence naturelle et libre du commerce...

Enfin, les pénalités édictées par l'article 419 sont suffisantes. Il n'y a pas lieu de les changer sauf la disposition qui a trait à la surveillance de la haute police qui a été supprimée et l'article se terminerait ainsi... *seront punis d'un emprisonnement d'un mois au moins, d'un an au plus et d'une amende de cinq cents francs à dix mille.*

* *

En résumé, le nouvel article 419 pourrait à notre avis être rédigé à peu près dans la forme suivante plus en rapport avec les éventualités de l'avenir.

Art. 419 modifié. *Tous ceux qui par des faits faux ou calomnieux semés à dessein dans le public, qui par des manœuvres tendant à fausser les cours, par réunion ou coalition entre les détenteurs d'une même matière première et denrée alimentaire de première nécessité, tendant à ne pas la vendre ou à ne la vendre qu'un certain prix, à ne pas la produire ou à ne la produire qu'en quantité insuffisante pour la consommation générale ou qui par des moyens frauduleux quelconques auront opéré la hausse ou la baisse des prix de ces matières premières ou denrées alimentaires, au-dessus ou au-dessous des prix qu'aurait déterminé la concurrence naturelle et libre du commerce, seront punis d'un emprisonnement d'un mois au moins, d'un an au plus et d'une amende de cinq cents francs à dix mille francs.*

* *

L'article 420 devrait être totalement abrogé :

Il dit en effet :

La peine sera d'un emprisonnement de deux mois au moins et de deux ans au plus et d'une amende de mille francs, si ces manœuvres ont été pratiquées sur grains, grenailles, farines, substances farineuses, pain, vin ou toute autre boisson.

Il n'y a plus lieu de faire un article spécial puisque nous avons introduit le terme de denrées alimentaires dans le corps de l'article 419.

CONCLUSION

CONCLUSION

Telles sont les modifications que nous proposerions d'apporter à la législation existante, si nous étions appelé un jour à donner notre avis sur la question.

On le sait, l'esprit d'une loi, c'est en quelque sorte la loi elle-même. Nous pouvons maintenant déterminer facilement l'esprit qui nous a guidé dans notre étude.

En premier lieu, il nous a semblé qu'il fallait régulariser, vulgariser chez nous le grand mouvement de la concentration industrielle, (auquel nous ne pouvons pas nous opposer) et pour cela, enlever aux honnêtes gens, aux consciences droites, le cauchemar d'un délit mal défini, qu'on peut pour ainsi dire commettre sans le savoir.

Que de fois n'avons-nous pas vu d'excellents administrateurs, refuser de faire partie d'une combinaison syndicale de producteurs, par crainte vague, parce que, dans les journaux ou ailleurs on aurait pu parler, un jour, à leur propos d'accaparement ?

En France, où la loi à une si grande autorité, où

l'on est plus timoré devant elle que dans bien d'autres pays, cette crainte a paralysé beaucoup d'initiatives, Et, pendant ce temps, l'Allemagne, plus hardie, est entrée résolument dans la carrière, utilisant largement la concentration industrielle et par elle arrivant première, dans ce qu'on pourrait appeler, le match des peuples industriels pour le prix minimum des choses.

Un de nos plus grands économistes, me déclarait un jour, que c'était d'abord à la guerre de 1870, puis ensuite et surtout aux Kartells, que l'Allemagne devait son étonnante fortune industrielle, dans les vingt dernières années.

De là, la nécessité, pour permettre à la France de bénéficier de la concentration industrielle, de bien définir le phénomène de l'accaparement afin de rassurer les grands industriels qui sont les plus timorés chez nous.

C'est dans ce but, que nous avons soigneusement indiqué, les frontières de l'accaparement (— matières premières, denrées alimentaires de première nécessité —) et écarté des coalitions, l'objet fabriqué.

Quelques esprits superficiels pourront dire que nous avons diminué ainsi la portée de l'article 419 qui s'appliquait à toutes les marchandises.

Nous répondrons que ce n'est guère qu'une apparence. En effet, le mot matières premières est en lui même singulièrement vaste. Il comprend les combustibles, les minérais, les pierres, les matières textiles, les animaux et leurs dépouilles, les mille produits de la terre, tous les aliments, c'est-à-dire tout ce qui est dans l'écorce terrestre et tout ce qui la recouvre !

En éliminant de l'article 419 résolument le « produit fabriqué » qui était implicitement contenu dans le mot « marchandises » nous croyons avoir vaincu une difficulté et donné à la loi un caractère de précision dont l'absence avait paralysé tous les effets de la Common law, comme nous l'avons démontré.

Nous croyons aussi qu'en introduisant dans l'article 419 les mots « de première nécessité » pour les matières premières et denrées, nous sommes restés fidèle à l'esprit de la Convention.

Nous avons, croyons-nous, donné ainsi au délit d'accaparement sa véritable signification car c'est surtout essentiellement un délit contre le plus grand nombre, contre la collectivité, contre la démocratie.

C'est pourquoi, nous dirons même, qu'au cas où le législateur ne voudrait pas changer le mot « marchandises », il devait le faire suivre absolument du qualificatif « de première nécessité » qui est dans l'esprit de la loi.

On nous a dit que le mot « de première nécéssité » était lui-même un terme imprécis. Cela est peut-être vrai. Mais, les tribunaux sont là pour apprécier et nous avons justement voulu leur laisser déterminer si une chose était ou non de première nécescesité car cela variera selon les temps, les habitudes et les **progrès** de la science.

Il eut été du reste impossible de prévoir tous les changements qui dans les siècles futurs s'introduiront dans la consommation humaine.

En troisième lieu, il était nécessaire de mettre dans l'article 419, cette notion de la production qui joue un si grand rôle dans les phénomènes industriels modernes et que le législateur de 1808 avait totalement passé sous silence parce que son importan e économique n'était pas soupçonnée à cette époque. Toutes les lois récentes « in restraint of the trade » ne sont que le reflet de cette préoccupation toute moderne. Bref, l'article 419 ne visait que la vente et l'achat dans le but d'accaparer, il faut aussi qu'il vise la production, cette manière bien autrement efficace d'influer sur le prix des choses.

En éliminant enfin de la loi les questions d'agiotage sur les titres et papiers publics, (traitées du reste dans des lois spéciales), en faisant disparaître les mentions des suroffres et les dispositions relatives au pain, au vin, aux boissons, etc... nous avoir suffisamment modernisé et précisé l'article 419.

Mais, si nous croyons avoir fait le nécessaire pour notre défense intérieure, il nous reste tout à faire pour notre défense extérieure, afin de lutter contre les accaparements internationaux et la fédération des syndicats nationaux d'accaparement qui est le point noir de l'avenir.

Comme nous l'avons répété souvent, dans cette étude, il n'y a qu'une conférence internationale qui puisse tracer ce plan de défense commune des sociétés et ce sera l'honneur d'un Ministre du Commerce français de provoquer dans ce but l'initiative des puissances,

*

* *

J'ai dit, au début de ce livre, que je faisais taire l'homme de parti pour ne laisser parler que le législateur.

Le lecteur, me permettra-t-il un simple mot pour finir sur le côté politique de la question des accaparements ?

Il y a un danger à la concentration industrielle à outrance, danger que je n'ai pas signalé, car il sortait du cadre doctrinal de cette étude. Ce danger pourrait se résumer d'un mot que je demanderai la permission d'expliquer ensuite.

L'ACCAPAREMENT, C'EST LA PRÉPARATION AU COLLECTIVISME.

On connaît, la théorie chère à Karl MARX, Jules GUESDE et autres collectivistes fameux.

L'Etat, doit un jour, concentrer, absorber toutes les industries de première nécessité et les exploiter dans l'intérêt de la collectivité.

La Nationalisation des mines et des chemins de fer en particulier, la socialisation des moyens de production en général ne sont autre chose, sous des formes diverses, que de la concentration industrielle faite par l'Etat, que de l'accaparement gouvernemental.

Le Congrès ouvrier international qui s'est réuni en Juillet 1889 ne laisse aucun doute à cet égard.

Le citoyen ALLEMANE au nom des délégués français présenta le rapport suivant sur la question des coalitions internationales.

« Considérant que nous ne verrons la véritable fin des
« coalitions patronales et financières, nationales et in-
« ternationales, que le jour où le prolétariat universel
« sera assez fortement organisé pour s'emparer des for-
« ces productives et organiser, au mieux des intérêts de
« la collectivité humaine, la production et l'échange des
« produits ;
« Considérant, d'autre part, que cette organisation
« ouvrière réclamera de longs efforts et qu'il convient
« d'aviser au plus tôt ;
« Le Congrès décide :
« Les organisations ouvrières de chaque pays devront
« mettre en demeure les pouvoirs publics de s'opposer,
« en vertu des lois existantes ou à élaborer, à toutes
« coalitions ou *rings*, ayant pour but d'accaparer soit la
« matière première, soit les objets de première nécessité,
« soit le travail.

C'était, on le voit, la question envisagée avec une certaine modération. Mais, le citoyen Bonnows, délégué américain, sans combattre précisément ces conclusions, fit au contraire ressortir l'importance des trusts pour l'avenir du socialisme :

« Le *trust* est une combinaison capitaliste pour s'as-
« surer de gros bénéfices en créant un seul marché ; par
« exemple, pour le sel, il n'y aurait qu'un seul acheteur,
« un seul vendeur, un seul fabricant. Le *trust* possède
« une puissance gigantesque ; mais il agit en même
« temps si fortement sur l'ordre de choses économique
« qu'il excite le progrès mécanique et abaisse le prix
« de revient. Exemple : le pétrole que 3000 fabricants
« faisaient préparer en Amérique, est aujourd'hui en-
« tre les mains d'un seul capitaliste qui a ruiné tous
« les autres.

« La constitution de ces monopoles de fait est la
« conséquence de l'évolution capitaliste. En avilissant
« la concurrence, prétendue loi sur laquelle les écono-
« mistes de l'école libérale ont basé tout leur système,
« ces monopoles mettent les ouvriers en présence d'un
« seul industriel qui les détient. Elle leur indique qu'il
« n'y a que deux moyens pour s'affranchir : l'un, tran-
« sitoire, la coopération ; l'autre, définitif, dernier terme
« de l'évolution sociale : le service public. La grande
« bataille est surtout livrée actuellement contre les pe-
« tits capitalistes, les petits bourgeois, chaque jour
« rejetés dans le prolétariat. Si on veut appliquer des
« lois pour empêcher la ruine fatale des petits indus-
« triels, elles suggéreront peut-être aux patrons de ré-
« clamer des lois pour empêcher l'action ouvrière. Lors-
« que le capital universel sera entre les mains d'une mi-
« norité, si petite qu'elle sera visiblement aperçue par
« tous, le problème social sera simplifié, comme le pro-
« blème politique serait simplifié s'il n'y avait qu'un

« seul monarque. Il propose en conséquence d'annexer
« aux résolutions proposées le paragraphe additionnel
« suivant :

« Considérant, d'autre part, les immenses difficultés,
« en l'état actuel du capitalisme, d'empêcher par une
« loi la formation des *truts*, le Congrès est d'avis de les
« laisser subsister avec leurs abus. »

Ainsi, c'est en se frottant les mains que les collectivistes voient la concentration industrielle se livrer à de véritables excès.

Borrows l'a dit : « Lorsque le capital universel
« sera entre les mains d'une minorité, le problème
« social sera simplifié; comme le problème politique
« serait simplifié, s'il n'y avait qu'un seul monar
« que. (En le supprimant évidemment.) »

Paroles peut-être prophétiques.

Le collectivisme, n'attend, en effet, que l'anéantissement des petits bourgeois « rejetés dans le prolétariat » par la grande industrie centralisée pour tenter l'assaut de ce qu'ils appellent la forteresse capitaliste.

Alors, l'assaut livré, la Bastille nouvelle enlevée, submergée par le flot populaire devenu immense à cause de cette adjonction de toute la bourgeoisie réduite à la misère, le collectivisme entrera dans la place, y trouvera l'accaparement et le monopole installés partout, les ressorts de la coalition, en place et la concentration en plein fonctionnement.

Et, sans fausse honte, comme tous les pouvoirs révolutionnaires arrivés, il se mettra à la place de ceux qu'il aura chassés et fera identiquement comme eux, c'est-à-dire du monopole, de la concentration industrielle sous le vocable de « Socialisation des moyens de production ? »

C'est alors, que l'on abrogera en fait, l'article 419 puisque ce sera l'Etat qui sera devenu l'accapareur universel. Il ne se punira pas lui-même à coup sûr.

La vérité, c'est qu'il faut nous garder soigneusement des excès des monopoles. Restons dans une certaine mesure des individualistes en Industrie. Faisons, des comptoirs, des ententes, des syndicats, puisqu'il le faut, pour lutter contre nos voisins et pour aller avec le progrès, mais ne poussons pas jusqu'au scandale, comme en Amérique. N'irritons pas notre démocratie, chatouilleuse et extrême.

J'ai confiance, dans le robuste bon sens de la nation française et je suis sûr qu'il aura suffi de montrer les excès un peu ignorés de l'accaparement, pour les éviter à notre pays.

C'est un peu le but de ce livre.

*
* *

Il est enfin une dernière raison qui m'a poussé à citer les exemples qu'on a lus au cours de ce volume, c'est que je vois dans le grand mouvement économique syndical autre chose que la consommation alarmée et rançonnée, j'y vois une question de haute moralité publique menacée.

Il n'y a pas à nier que les puissantes entités, financières, industrielles, commerciales, créent autour d'elles par la force des choses — nous sommes indulgents — une atmosphère de compromissions, d'achats de conscience, de vénalité qu'ignorait le petit commerce solitaire.

En Amérique, on a vu le trust du sucre celui des argentistes, celui de M. Rockfeller a ses débuts et tant d'autres, acheter les municipalités, les compagnies de chemins de fer, et jusqu'aux députés et sénateurs, jusqu'au gouvernement lui-même.

Il est certain que la puissance de l'argent concentrée en quelques mains est funeste à la moralité publique. Le niveau de l'honneur industriel en est abaissé. On s'habitue lentement sous l'influence d'une intoxication lente à vivre avec des administrations véreuses comme la grande ville de New-York. On admet que dans la politique américaine, la question des accaparements, « du trust, » puisse être posée à propos de l'élection d'un président c'est-à-dire qu'on admet qu'un peuple choisisse sur une question d'argent, d'intérêt plus ou moins privé, le premier magistrat d'un grand pays !

C'est la marche rapide vers un matérialisme corrompu et hypocrite.

Voilà ce qui menace l'Europe !

Il faut l'éviter à tout prix.

Ne serait-ce pas en vérité, le renoncement indirect et progressif à tout ce qui a fait depuis la Grèce, la grandeur de notre civilisation ? Et ne voit-on pas clairement, pour employer une forme scientifique, que tout ce que nous gagnerions en bien-être matériel, nous le perdrions en vertu, en honneur et en idéal ?

FIN.

TABLE DES MATIÈRES

Annexes

ORGANISATION DU SYNDICAT
des Houilles de Westphalie

STATUTS DE LA SOCIÉTÉ

Raison sociale, siège et durée de l'Association.

Article premier. — La Société par actions fondée sous la raison sociale « Syndicat des houilles de Westphalie et des Provinces rhénanes » a pour siège social Essen, sur la Ruhr. L'exercice est compté du 1ᵉʳ janvier au 31 décembre.

Objet de l'entreprise.

Art. 2. — L'association a pour objet l'achat et la vente des charbons, cokes et briquettes.

Capital de fondation et actions.

Art. 3. — Le capital de fondation est de 900.000 marcs; il est divisé en 3.000 actions nominatives de chacune 300 marcs. Le transfert d'une action ne peut se faire sans le consentement de l'Association. Le transfert n'est donc valable qu'après approbation du Conseil de surveillance et de l'Assemblée générale, et n'est effectif qu'après qu'un acte notarié ou judiciaire aura accrédité la personne de l'acquéreur.

Les noms des actionnaires seront inscrits dans le registre des actions.

Art. 4. — Si des actions ont été perdues ou détruites, il devra en être fait signification par voie judiciaire à la Société. Ce n'est qu'après cette signification qu'une nouvelle action pourra être créée et délivrée.

Organes de l'Association.

Art. 5. — Les différents organes de la Société sont :
a) La Direction (*Vorstand*);
b) Le Conseil de surveillance (*Aufsichtsrath*);
c) L'Assemblée générale (*General-Versammlung*).

Direction.

Art. 6. — La Direction se compose de deux ou de plusieurs membres nommés par le Conseil de surveillance.

Les signatures de deux membres de la Direction ou de l'un de ces membres et d'un fondé de pouvoirs, apposées sous la raison sociale, constituent la signature sociale du Syndicat.

Conseil de surveillance.

Art. 7. — Le Conseil de surveillance se compose de neuf membres qui seront, sauf pour le premier Conseil, élus par l'Assemblée générale pour une durée de quatre ans. Tous les ans, au moment de l'Assemblée générale, trois membres sortiront. Pour la première période, les noms des membres sortants seront tirés au sort; mais, par la suite, ils seront pris par ordre d'entrée au Conseil. Le tirage au sort a lieu, en séance, par est soins du président. Les membres sortants sont rééligibles.

Si, par suite de circonstances spéciales, un des membres du Conseil de surveillance vient à disparaître avant l'Assemblée générale, la place restera vacante jusqu'à la plus prochaine Assemblée générale; mais si le nombre des membres du Conseil vient à tomber au-dessous de cinq, une Assemblée générale devra être convoquée d'urgence pour compléter le Conseil. La nomination d'un membre en remplacement d'un membre disparu n'est valable que pour le laps de temps que le membre disparu avait encore à parcourir.

Art. 8. — Le Consel de surveillance peut émettre une décision valable si tous les membres ont été convoqués et si cinq membres au moins sont présents.

Art. 9. — Le Conseil de surveillance se constitue immédiatement après l'Assemblée générale en nommant au scrutin son Président et son Vice-Président.

Assemblée générale.

Art. 10. — L'Assemblée générale des actionnaires est convoquée par les soins de la Direction; le droit de convocation de l'Assemblée générale appartient aussi au Conseil de surveillance. La convocation accompagnée de l'ordre du jour est adressée par lettre recommandée au moins quinze jours à l'avance à tous les actionnaires inscrits sur le livre des actions.

Art. 11. — Chaque action donne droit à une voix et le livre des actions sert de base à l'attribution du nombre des voix.

Chaque membre pourra, par pouvoir sous seing privé, déléguer ses droits de participation à l'Assemblée générale. Le mandataire n'a pas besoin d'être actionnaire.

Art. 12. — La présidence de l'Assemblée générale appartient au Président du Conseil de surveillance ou à son vice-président, et en cas d'empêchement de ces deux personnes à un Président élu par l'Assemblée générale. Le Président ouvre et clôt la séance; il nomme deux assesseurs et dirige les débats. Pour la validité des résolutions et des votes de l'Assemblée générale la majorité absolue des voix représentées sufilt tant que les statuts n'ont pas prévu d'exception.

Art. 13. — L'Assemblée générale ordinaire a lieu tous les ans dans les six premiers mois de l'année commerciale. Si le Conseil de surveillance ou la Direction le juge nécessaire, ils peuvent convoquer des Assemblées générales extraordinaires à condition d'accompagner la convocation de l'ordre du jour de la séance; là même convocation peut avoir lieu si les possesseurs d'un vingtième au moins du capital-actions le demandent au Conseil de surveillance ou à la direction.

Art. 14. — Les questions à soumettre aux Assemblées générales ordinaires pour qu'il soit statué à leur égard sont :

(a) Le rapport annuel; (b) Le bilan annuel avec le compte de profits et pertes, et la demande de décharge de la direction et du Conseil de surveillance; (c) La répartition du bénéfice net; (d) L'élection des membres du Conseil de surveillance; (e) L'élection des censeurs aux comptes.

Art. 15. — L'Assemblée générale peut décider des changements aux statuts et l'augmentation du capital à la simple majorité prévue à l'article 12. Mais pour tout ce qui concerne le changement du but de la Société, la réduction du capital primitif, la dissolution, la fusion ou la liquidation de la Société, une majorité des trois quarts du capital-actions est nécessaire.

Art. 16. — Le procès-verbal d'une Assemblée générale n'a besoin d'être signé que par le Président et par deux actionnaires ou par leurs représentants.

Bilan — Répartition des bénéfices. — Fonds de réserve

Art. 17. — La Direction est tenue, dans les trois premiers mois de l'année commerciale, de fournir au Conseil de surveillance le bilan et le compte de profits et pertes relatifs à l'année écoulée, ainsi qu'un rapport sur la situation des biens de la Société et sur l'état des affaires (rapport annuel). Ces documents, accompagnés des observations du Conseil de surveillance, seront présentés à l'Assemblée générale. Chaque actionnaire devra recevoir un extrait de ce rapport, ainsi que du rapport des censeurs aux comptes, au moins deux semaines avant l'Assemblée générale.

Art. 18. — Sur le bénéfice net, un vingtième au moins sera prélevé pour constituer le fonds de réserve jusqu'à ce que celui-ci ait atteint le dixième du capital.

Publications

Art. 19. — Les publications de la Société qui doivent être faites par la voie des journaux ne seront insérées que dans le *Reichs-Anzeiger* (Feuille d'annonces de l'Empire), sous la rubrique : *Rheinisch-Westfælisches Kohlen-Syndikat* (Syndicat des houilles de Westphalie et des provinces rhénanes), et signées : *La Direction* ou *Le Conseil de surveillance.*

2° Contrat passé entre le Syndicat des houilles et chacun des charbonnages adhérents, ainsi qu'entre ces derniers personnellement.

Entre le Syndicat des houilles rhénan-westphalien d'une part, et les mines soussignées d'autre part, a été passé par devant notaire, en date des 16-19 février 1893, un contrat ayant pour but de supprimer à l'avenir la concurrence déraisonnable sur le marché charbonnier.

Par ledit contrat, les participants soussignés se sont engagés à se réunir dans les Assemblées prévues ci-après et à se soumettre aux décisions de ces Assemblées ainsi qu'à celles des organes par eux établis, — *Comité consultatif (Beirath)* et *Commission de fixation des chiffres de participation,* — dans tous les cas spécifiés ci-dessous.

Ce contrat, auquel nous nous référons par le présent acte, expirera le 1er mars 1898. Or, les participants ont décidé à l'unanimité d'en prolonger la durée dès aujourd'hui, et — en maintenant les obligations énoncées ci-dessus, — d'en modifier comme suit la rédaction (1).

A. — *Assemblées des propriétaires de charbonnages.*

1° Les Assemblées auront lieu aussi souvent qu'il sera nécessaire. Le *Comité consultatif (Beirath)* décide qu'il y a nécessité de convoquer. En outre, une Assemblée doit être convoquée immédiatement si un groupe de propriétaires de char-

---

(1) *Rédaction du contrat primitif* : Entre le Syndicat des houilles de Westphalie et des provinces rhénanes, d'une part, et chacun des propriétaires de mines..., d'autre part, afin de supprimer à l'avenir une concurrence déraisonnable sur le marché des houilles et d'établir des conventions rationnelles entre les propriétaires de mines et associations de vente, au sujet de la répartition normale de l'ensemble des ventes, ainsi que des prix et conditions de livraison, est conclu le contrat défini aux articles ci-dessous.

Les propriétaires de mines contractants s'obligent également entre eux, ainsi qu'il est dit plus loin, à se réunir en assemblée et à se soumettre, dans les cas désignés ci-après, aux décisions prises ;

1° Dans *les Assemblées de propriétaires de mines* tenues conformément aux règles stipulées en *A* ;

2° A celles prises par le Comité institué en *B* ;

3° Ainsi qu'à celles prises par la Commission instituée en *C* pour la fixation du chiffre de participation.

Chaque propriétaire de mine doit aussi posséder un nombre d'actions de la Société du Syndicat des houilles de Westphalie proportionnel à son extraction.

bonnages, représentant un cinquième du nombre total des voix, en fait la demande par écrit au *Comité directeur (Vorstand)* du Syndicat.

2° Dans les Assemblées, chaque propriétaire de charbonnages a droit à autant de voix qu'il y a de fois 10.000 tonnes dans le chiffre de participation qui lui a été assigné.

3° Les Assemblées peuvent statuer valablement si les trois quarts des voix sont représentées. Si une Assemblée n'est pas en nombre, une autre Assemblée doit être immédiatement convoquée, dans les formes indiquées ci-après; cette seconde Assemblée peut décider valablement, quel que soit le nombre des voix représentées. Ce droit doit cependant être chaque fois explicitement mentionné dans la deuxième convocation ;

4° La présidence des Assemblées appartient au président du *Comité consultatif (Beirath)*, ou en son absence au vice-président, ou, en cas d'empêchement de ces deux personnes, à un président choisi par l'Assemblée ;

5° Seul le représentant légal de chaque charbonnage, ou, en son absence, un employé du charbonnage muni de pleins pouvoirs réguliers, peut prendre part à l'Assemblée. La représentation ne peut être attribuée à une tierce personne ;

6° Les Assemblées sont convoquées par les soins du *Comité directeur (Vorstand)* du Syndicat; les convocations doivent être envoyées à chaque membre trois jours à l'avance, avec l'ordre du jour, et par lettre recommandée ;

7° Le jour de l'envoi de la convocation compte pour ce délai de trois jours et, à cet effet, le timbre de la poste fait foi ;

8° Les Assemblées ont lieu au siège du Syndicat ou dans un endroit désigné par le *Comité consultatif Beirath)* ;

9° Le président ouvre et clôt la séance, nomme deux scrutateurs et dirige les débats ;

10° Il est rédigé un procès-verbal des délibérations; ce procès-verbal est signé par le président, les scrutateurs et ceux des membres présents qui le désirent. Il est joint à ce procès-verbal une liste, certifiée conforme par le président, des membres présents ou représentés, avec le nombre de voix dont ils disposent;

11° Il est adressé une copie du procès-verbal à chaque membre du Syndicat;

12° Les procès-verbaux ont force exécutoire pour tous les membres;

13° Les Assemblées ont, sauf dispositions contraires indiquées ci-dessus ou ci-après à statuer sur les questions suivantes :

1. Nomination du *Comité consultatif (Beirath)*;
2. Élection des membres de la *Commission de fixation des chiffres de participation*;
3. Décision au sujet des réductions éventuelles de la production pour un temps plus ou moins long, sur la proposition du *Comité directeur (Vorstand)*;

4. Fixation de l'indemnité à payer ou à recevoir pour les ventes inférieures ou supérieures au chiffre de participation ;
5. Admission de nouveaux membres ;
6. Fixation du nombre d'actions à attribuer à chaque propriétaire de charbonnages adhérent.

B. — *Comité consultatif (Beirath)* (1)

1° Chaque propriétaire de charbonnages, ou groupe de charbonnages, a le droit de désigner, par chaque million de tonnes compris dans son chiffre de participation, un membre du Comité consultatif et un suppléant ;

2° Les membres du Comité consultatif, ainsi que leurs suppléants, sont nommés tous les ans, dans la première *Assemblée* des propriétaires de charbonnages tenue dans l'année; ils ne peuvent être choisis que parmi les membres des administrations des charbonnages adhérents ;

3° Le Comité consultatif nomme tous les ans, dans sa première séance, un président et trois vice-présidents (2).

Le Comité consultatif est autorisé à confier à des sous-commissions spéciales l'examen des diverses questions; il règle d'ailleurs lui-même sa procédure.

C. — *Commission pour la fixation des chiffres de participation.*

1° Cette Commission se compose de quatre membres, deux techniciens, un commerçant et un membre du *Comité directeur* (*Vorstand*); les premiers sont élus annuellement — pour la période qui va jusqu'à la première Assemblée de l'année légale suivante, — et cela en nombre double, soit quatre techniciens et deux commerçants, par l'*Assemblée des propriétaires de charbonnages* (cf. A. 2) ;

2° Si l'un des membres de la Commission résigne ses fonctions au cours de la période pour laquelle il a été élu, l'*Assemblée* mensuelle suivante élit un remplaçant pour la durée du temps restant à courir ;

3° Les membres qui devront prendre part à la solution de chaque affaire, seront choisis par le *Comité consultatif* (*Beirath*), de telle façon que les membres appelés à siéger ne soient ni employés, ni actionnaires, ni propriétaires de parts ou commanditaires du charbonnage intéressé ;

---

(1) Ce Comité « consultatif » pourrait porter le nom de Comité « exécutif ». On verra en effet, qu'il a les pouvoirs les plus étendus. Il représente surtout les intérêts des adhérents vis-à-vis du Comité directeur qui agit avant tout comme un bon commerçant indépendant des adhérents.

(2) Paragraphe nouveau.

4· Si le nombre des membres de la Commission qui remplissent ces conditions se trouve insuffisant, le *Comité consultatif (Beirath)* a le droit de désigner pour ce cas spécial d'autres membres du Syndicat;

5· La Commission prend ses décisions à la majorité des voix; en cas de partage des voix, le président du *Comité consultatif (Beirath)* décide.

Vente en commun et exceptions à ce régime

Paragraphe premier. — 1. Les propriétaires de charbonnages soussignés *vendent* (1) la totalité de leur production en houilles, cokes et briquettes, au Syndicat des houilles rhénan-westphalien, qui contracte de son côté l'obligation de leur prendre la totalité de leur production conformément aux dispositions fixées ci-après.

2. Sont exceptés de cette revente par le Syndicat :

a) Les houilles, cokes et briquettes nécessaires aux besoins particuliers de chaque charbonnage (tels que chauffage des chaudières, etc...) ainsi qu'à l'exploitation des établissements dépendant de ces charbonnages (tels que fours à cokes, fabriques de briquettes, briqueterie, salines, etc...);

b) Les houilles, cokes et briquettes vendus au détail dans le voisinage immédiat du charbonnage, à condition toutefois qu'il ne s'agisse pas d'une fourniture régulière à un établissement industriel voisin;

c) Les houilles fournies à titre de prestations en nature aux employés de la mine, le charbon de foyer distribué aux mineurs ou celui qui est attribué à des œuvres philanthropiques et à des secours.

3. Les houilles, cokes et briquettes employés dans ces trois cas sont soumis au contrôle du Syndicat, quant à leur quantité. Le tonnage de ces livraisons doit être communiqué au Syndicat avant le 5 du mois qui suit celui où elles ont été effectuées, et il entre en ligne de compte dans le chiffre de participation. La fixation du prix des combustibles vendus au détail dans le voisinage est soumise à l'approbation du *Comité directeur (Vorstand)*.

4. Les propriétaires contractants s'engagent, pour la durée de ce contrat, à s'abstenir de toute vente directe de houilles, cokes ou briquettes à des tiers, sauf les exceptions expressément spécifiées ci-dessus; en outre, ils s'engagent à transmettre aussitôt au Syndicat tout ordre ou toute demande qui leur parviendrait directement, afin de lui en laisser l'exécution. Mais le Syndicat a le droit de recourir à l'un quelconque des propriétaires de charbonnages pour la conclusion d'un marché ou le règlement d'un différend.

5. Les engagements et marchés conclus directement avant le

---

(1) *Rédaction du contrat primitif* : ... cèdent le droit de vente de...

1er mars 1893, par les charbonnages contractants devront être poursuivis et soldés par ces charbonnages. Cette clause s'applique encore au Syndicat des cokes et au Syndicat des briquettes aussi longtemps qu'ils existeront. Toutefois les propriétaire de charbonnages s'engagent à communiquer au Syndicat, jusqu'à la complète exécution de ces marchés, et avant le 5 de chaque mois, le tonnage des livraisons ainsi effectuées ; ces communications sont également soumises au contrôle du Syndicat et le tonnage indiqué entre en ligne de compte dans le chiffre de la participation.

6. En outre, les propriétaires de charbonnages s'engagent à fournir au *Comité directeur (Vorstand)*, dans le délai fixé par lui, tous les renseignements qu'il désire concernant l'extraction de la houille, la fabrication des cokes et briquettes, ainsi que la vente et la consommation de ces produits.

7. Il est permis au *Comité directeur (Vorstand)* d'acheter et de vendre des houilles, cokes et briquettes provenant de charbonnages qui ne font pas partie du Syndicat.

Fixation de la part revenant à chaque charbonnage dans la vente totale et réglementation de l'extraction ou production

Paragraphe 2 (1). — 1. Il est pris, comme base de la partici-

---

(1) *Rédaction du parag. 2 de l'ancien contrat* (nous la reproduisons intégralement, à cause de l'importance des modifications ; la disposition des paragraphes conservés est différente) :

Il sera pris, au choix des intéressés, comme base de la part revenant à chaque mine dans la vente totale, ou l'extraction de l'année 1891, ou celle de l'année 1892.

Dans le cas où une mine aurait subi pendant ce laps de temps une crise ou une perturbation dans son activité, on prendra comme base l'extraction ou la production que la mine intéressée aurait atteinte si les conditions d'exploitation avaient été normales.

Il sera attribué aux nouvelles installations ou à celles qui n'auront pas atteint leur production normale, une quantité de 400 tonnes par jour et poste de travail ; les puits doubles seront estimés comme constituant deux installations distinctes. La Commission prévue en G sera appelée, sur la demande des intéressés, à décider quelles sont les installations qui peuvent être considérées comme n'ayant pas encore atteint leur chiffre normal de production (*Voir plus loin le* parag. 12 *du nouveau contrat*).

Tout exploitant qui veut participer pour un chiffre plus élevé à la vente devra faire connaître ses intentions au Syndicat au moins six mois à l'avance.

Pour la première fixation de la participation, il pourra être fait par les intéresses des demandes d'augmentation de participation au moment même de la signature du contrat ; si la direction juge que la situation générale des affaires ne permet pas de donner suite à ces demandes individuelles sans pour cela imposer une réduction générale de participation, la Commission prévue en C devra être appelée à examiner la situation.

pation de chaque charbonnage à la vente totale, l'extraction accordée jusque-là par le Syndicat comme chiffre de participation de ce charbonnage.

2. Lorsqu'un des propriétaires de charbonnages veut participer pour un tonnage plus élevé à la vente totale, il doit en donner avis six mois à l'avance au Syndicat.

3. Si le *Comité directeur* (*Vorstand*) estime que la situation générale des affaires ne permet pas de donner suite à cette demande d'augmentation de production sans imposer à l'ensemble des syndiqués une réduction de leur participation à la vente, la *Commission* prévue en C est appelée à statuer sur le cas.

4. Cette *Commission*, lorsque les demandes se rapportent à des installations (de puits) nouvelles et jamais exploitées jusqu'alors, tiendra compte de la situation générale de ces installations et de la possibilité, au point de vue technique, de cette augmentation de production ; pour toutes les autres demandes du même ordre, elle tiendra compte, en outre, de la situation du marché des houilles. Chaque charbonnage a le droit, avant de commencer les travaux, de réclamer l'avis de la *Commission* et éventuellement d'en appeler au *Comité consultatif* (*Beirath*) de cette décision sur la justification d'une installation nouvelle.

Dans le cas où il ne s'agit pas de nouvelles installations, la *Commission*, avant de statuer sur les réclamations les plus

---

Au moment d'émettre son avis, cette Commission ne devra pas seulement s'occuper de la possibilité technique d'augmenter la production, mais elle devra aussi examiner la situation générale de la mine, ainsi que l'état exact du marché.

Cette Commission statuera également en cas de contestation au sujet de la production normale pendant les années 1891 et 1892.

Un délai d'appel de quinze jours à partir de la signification par lettre recommandée de la décision sera laissé soit aux propriétaires des mines, soit à la direction du syndicat, le conseil de surveillance (Beirath) juge en dernier ressort.

Le tonnage ainsi déterminé comme participation dans la production totale est applicable à partir du jour stipulé.

Le propriétaire de mine est tenu, par contre, de livrer les quantités de houille correspondantes au tonnage qui lui est attribué s'il ne prévient pas la direction, au moins un mois à l'avance, de son désir de diminuer sa participation. La direction du syndicat est tenue d'accéder à toute demande de ce genre.

Tout exploitant qui, par application de l'alinéa 3 ci-dessus, veut augmenter sa production ou qui met une nouvelle installation en activité, est tenu d'indiquer sa future extraction journalière à la direction, au moins trois mois à l'avance ; il est de ce fait obligé à des livraisons correspondantes.

Tout exploitant qui, par sa faute, ne parvient pas à effectuer les livraisons réglementaires, peut se voir appliquer une amende par la direction ; cette amende sera de 2 marcs par tonne non livrée, pour la première année. Cette amende sera fixée, les années suivantes, par l'assemblée générale des propriétaires de mines. En cas de contestation, la Commission (prévue en C) statue sous réserve de recours récentes, est obligée de procéder chaque fois à une révision de toutes les réclamations antérieures de même nature rejetées en appel, mais qu'il était techniquement possible d'admettre et qu'on a rejetées seulement en raison de l'état du marché. Toutes ces réclamations doivent être vidées par ordre de date et dans la mesure où la situation de chacun des charbonnages intéressés les justifie.

5. Il peut être fait, devant le *Comité consultatif (Beirath)*, appel des décisions de cette *Commission* (dans le délai de quatorze jours après celui de l'envoi par lettre recommandée) par le propriétaire intéressé ainsi que par le *Comité directeur (Vorstand)* du Syndicat.

6. Le tonnage ainsi déterminé comme participation dans la production totale est applicable à partir du 1er avril ou du 1er octobre qui suit la fixation ci-dessus établie. Les augmentations du chiffre de participation ne peuvent être appliquées qu'à partir du 1er avril ou du 1er octobre de chaque année.

7. Chaque propriétaire de charbonnage est tenu de livrer les quantités de houilles correspondantes au tonnage qui lui est attribué, s'ils ne demande pas, au moins quatre semaines à l'avance, au *Comité directeur (Vorstand)* de lui accorder une diminution de sa participation. Le *Comité directeur* est tenu d'accéder à toute demande de ce genre.

8. Plusieurs mines, appartenant à une même Compagnie,

---

au conseil de surveillance, qui juge en dernier ressort. Les réclamations et les recours doivent, sous peine de nullité, être représentés par lettre recommandée au plus quinze jours après la décision (*Voir plus loin le parag. 8, chiffre 2, du nouveau contrat*).

Au cas où l'état du marché nécessiterait une diminution de production, le pour cent de cette diminution doit être fixé par l'assemblée générale des propriétaires de mines.

Si, par suite de marchés passés ou de questions de qualités de charbon, cette diminution ne peut être appliquée à tous les propriétaires également, ceux qui livreront plus qu'ils ne devraient livrer devront payer une redevance proportionnelle; par contre, ceux dont la production est inférieure au chiffre de participation seront indemnisés par le Syndicat.

Cette dernière indemnité est aussi due même lorsqu'aucune réduction de production n'est appliquée.

La quotité de la redevance, comme aussi les indemnités, seront fixées dans la première assemblée des propriétaires de mines de chaque année.

Plusieurs mines appartenant à une même compagnie seront considérées comme faisant une unité pour la fixation de la part à leur attribuer.

Les associations de vente peuvent demander à être traitées de même, mais elles doivent faire connaître leur désir à ce sujet avant la première assemblée des propriétaires de mines de chaque année.

Une augmentation de production accordée, suivant l'alinéa 3 ci-dessus, n'est valable qu'autant que l'augmentation est due réellement à cette installation nouvelle.

seront considérées comme formant une unité pour la fixation du tonnage de participation à leur attribuer.

9. Les associations de vente (*verkaufs-vereine*), peuvent revendiquer les mêmes droits, mais elles doivent faire connaître leur désir à ce sujet avant la première *Assemblée des propriétaires de charbonnages.*

10. Toutes les fois que l'état du marché nécessite une diminution de la production totale, une réduction proportionnelle, fixée en, p. 0,0 du chiffre de participation, sera imposée par décision de l'*Assemblée des propriétaires de charbonnages.*

11. Lorsque les charbonnages intéressés ne sont pas occupés d'une façon uniforme, ceux d'entre eux qui ont reçu du Syndicat un total d'ordres de livraison dépassant leur chiffre de participation, doivent payer au Syndicat une prime de surproduction (*abgabe*) pour tout le tonnage qui dépasse leur chiffre de participation. Par contre, les charbonnages qui ont reçu du Syndicat un total d'ordres de livraison inférieur à leur chiffre de participation, reçoivent du Syndicat une indemnité (*entschädigung*) pour tout le tonnage qui constitue la différence.

12. Le *Comité directeur* (*Vorstand*) fixe chaque mois la différence qui existe, en plus ou en moins, entre le tonnage livré et la participation théorique de l'ensemble des charbonnages ; il calcule en raison de cette première fixation la part qui revient à chaque charbonnage et communique chaque mois aux charbonnages de quelles quantités ils ont dépassé la production qui leur était assignée, ou quelles quantités ont fait défaut pour qu'ils pussent l'atteindre. Les règlements de comptes. au contraire, n'ont lieu qu'à la fin de l'année légale, sur la base des participations de l'année.

13. La prime de surproduction et l'indemnité payée par chaque tonne doivent être fixées au même chiffre ; ce chiffre est déterminé tous les ans par l'*Assemblée des propriétaires de charbonnages.*

14. Si l'*Assemblée des propriétaires de charbonnages* en décide ainsi, le *Comité directeur* (*Vorstand*) peut être autorisé à conclure, en vue d'une réduction volontaire de la production effective, avec les intéressés des arrangements qui ne seront pas soumis aux prescriptions ci-dessus.

Fixation des prix et des conditions de livraison.
Règlements de comptes

Paragr. 3. — 1. Le Syndicat agit, vis-à-vis des charbonnages intéressés, ainsi qu'un acheteur pour son propre compte ; le prix d'achat se règle conformément aux dispositions de l'article 5.

2. Les pertes éventuelles sont supportées par le Syndicat.

Paragr. 4. — Le *Comité directeur* (*Vorstand*) fixe les prix et les conditions de vente ; mais il doit, ce faisant tenir, autant que possible, compte des normes générales que le *Comité consultatif (Beirath)* arrête relativement à la fixation des prix et des natures ou catégories (classification) des houilles (1).

Paragr. 5. — 1. Se guidant d'après les prix de norme (*Richtpreise*) déterminés pour l'ensemble des adhérents par le *Comité consultatif (Beirath)*, le *Comité directeur (Vorstand)* fixe des prix de prise en charge (prix d'ordre, *Verrechnungspreise*) pour tous les assortiments et catégories de houille de chaque charbonnage syndiqué, après avoir entendu le représentant de celui-ci. Ces prix de prise en charge constituent le prix d'achat (cf. paragr. 2, 1) des charbonnages adhérents, et servent de base aux règlements mensuels de comptes avec les charbonnages.

2. Une modification de ces prix de prise en charge ne peut, — aussi longtemps que le *Comité consultatif (Beirath)* maintient ses prix de norme, — être prévue ou demandée qu'au début de chaque année légale, sauf dans les cas où des modifications de qualités et de catégories rendent nécessaire une réglementation nouvelle.

3. Les charbonnages intéressés ont le droit, dans le délai de quatorze jours après la communication (à eux faite par lettre recommandée) des prix de prise en charge, d'en appeler au *Comité consultatif (Beirath)* pour modifications de ces prix. Le Comité décide alors souverainement.

4. Ce que le Syndicat peut en fait obtenir comme supplément de prix, par rapport aux prix de prise en charge, dans les rayons de vente incontestés (non sujets à la concurrence), est acquis au charbonnage qui a livré les charbons vendus à bénéfice et est chaque mois inscrit à son crédit (2).

---

(1) *L'ancien contrat* stipulait en outre que : pour des marchés dont l'exécution devait durer plus d'une année, la direction devait obtenir l'adhésion de la mine intéressée.

(2) *Rédaction* (de toute cette première partie du paragraphe 5) *dans l'ancien contrat;*

Pour les affaires concernant le rayon naturel de vente des houilles de Westphalie où aucune concurrence étrangère ne peut venir peser sur les prix de charbons, le prix obtenu doit revenir en entier aux ploitants, sauf déductions prévues au paragraphe 6, et cela pendant toute la durée des marchés qui pourront être conclus spécialement avec certaines mines. Par contre, pour les marchés conclus en dehors du rayon naturel de vente de houilles de Westphalie en concurrence avec des mines n'appartenant pas au Syndicat et pour lesquels on sera obligé d'appliquer des prix exceptionnels, il sera accordé aux mines, qui devront livrer à ces conditions une indemnité proportionnelle fixée par le Conseil de surveillance d'accord avec la direction. Cette indemnité sera au plus égale à la différence entre le prix obtenu et le prix moyen de vente de cette même sorte ou qualité de houille dans la région de consommation ordinaire. Les déductions prévues au paragraphe 6 seront naturellement aussi appliquées dans ce dernier cas.

5. Chaque propriétaire de charbonnages est seul responsable de la bonne et régulière livraison des quantités et catégories à lui achetées par le syndicat; ce propriétaire supporte seul tous les frais causés de son fait par la livraison de charbons de qualité mauvaise ou non conformes au type de livraison, ou par toute autre erreur dans l'exécution de la commande. C'est au *Comité directeur (Vorstand)* qu'il appartient, après une enquête rigoureuse sur chaque cas, de décider si l'exploitant est en faute. Un recours contre cette décision est toujours possible, dans le délai de quatorze jours, auprès du *Comité consultatif (Beirath)*, qui statue en ce cas définitivement.

6. Les comptes fournis mensuellement par les propriétaires de charbonnages au sujet des quantités de houilles, cokes et briquettes livrés par eux dans le mois, doivent être réglés par le Syndicat avant le mois qui suit la livraison.

Répartition des frais de gestion.

Parag. 6. — Pour se couvrir de tous les frais de gestion et d'un déficit éventuel du Syndicat, un prélèvement proportionnel, fixé en p. 0,0, sera fait sur les factures mensuelles; le taux de ce prélèvement sera déterminé, lorsque besoin sera, par le *Comité consultatif (Beirath)* sur la proposition du *Comité directeur (Vorstand)*.

Contrôle.

Parag. 7 (1). — Le *Comité directeur (Vorstand)* exerce un droit de contrôle sur le chargement et peut prendre connaissance de tous les livres et pièces comptables des charbonnages intéressés.

Pénalités.

Parag. 8. — 1. Au cas où l'un des propriétaires contractants aura, par dérogation aux dispositions du paragraphe premier, vendu directement des houilles, cokes et briquettes (c'est-à-dire sans tenir compte du Syndicat) le propriétaire devra payer au Syndicat une amende conventionnelle (2), par tonne ainsi livrée.

2. Le propriétaire de charbonnages qui, par sa faute, n'effectue pas les livraisons auxquelles il s'était engagé, peut être condamné à une amende, dont le montant par tonne non livrée sera fixé pour chaque exercice par l'*Assemblée des propriétaires de charbonnages* (3).

------

(1) Article nouveau.

(2) L'ancien contrat fixait à 50 marcs par tonne cette amende.

(3) Cet alinéa faisait partie, dans l'ancien contrat, du paragraphe 2; on le retrouvera dans le texte de cet article donné plus haut; il a du reste été modifié.

3. Pour toute autre violation à quelque autre clause du présent traité, chaque contractant s'engage à payer au Syndicat une amende conventionnelle de 1.000 marcs par contravention.

4. Toutes les pénalités sont prononcées sur la proposition du *Comité directeur (Vorstand)*, par le *Comité consultatif (Beirath)*; il peut en être appelé, dans les quatorze jours, après la signification de la pénalité à l'intéressé, devant l'*Assemblée des propriétaires de charbonnages*. Ce recours doit être adressé au président du *Comité consultatif (Beirath)*.

5. L'*Assemblée des propriétaires de charbonnages* a le droit dans des circonstances exceptionnelles, d'abaisser jusqu'à 100 marcs l'amende conventionnelle par contravention.

6. La signification de la pénalité a lieu par lettre recommandée.

7. Le paiement des amendes conventionnelles doit avoir lieu aussitôt après la signification.

8. Dans le cas où l'amende n'est pas payée, le *Comité directeur(Vorstand)* est autorisé à retrancher le montant de l'amende du décompte mensuel du charbonnage.

9. Outre l'amende conventionnelle, le Syndicat peut aussi réclamer des dommages-intérêts pour le dommage causé.

Date de l'entrée en vigueur et durée du contrat (1).

Paragraphe 9. — Les dispositions du présent contrat sont applicables à partir du 1er janvier 1896; elles s'appliquent aussi, avec force rétroactive, pour la situation respective du Syndicat des charbonnages ou de ces derniers entre eux, aux marchés en cours au 1er janvier 1896; spécialement en ce qui concerne les prix de prise en charge (paragraphe 5) à payer aux charbonnages.

Paragraphe 10. — Le présent contrat expirera le 31 décembre 1905 sous cette réserve que si, aucun des contractants ne donne congé par écrit un an avant cette date, le contrat sera considéré comme renouvelé pour dix autres années.

Paragraphe 11. — La dissolution du Syndicat peut être prononcée après les cinq premières années; elle doit être prononcée

---

(1) Les trois §§ 9, 10 et 11 remplacent le § 9 de l'ancien contrat dont voici le texte.

L'entente est conclue à partir du 1er mars 1893 pour une durée de cinq années consécutives; elle sera considérée comme valable pendant une nouvelle période de cinq années si, six mois avant son expiration, aucun des contractants ne soulève aucune objection. — Au cas où le renouvellement ou la prolongation n'aurait pas lieu, les marchés en cours d'exécution au delà de l'expiration du présent contrat devront continuer à être exécutés par le Syndicat conformément aux stipulations ci-dessus. Autant que possible, cependant, ces marchés devront être repris par les mines intéressées.

au moins un an à l'avance, par une décision réunissant les quatre cinquièmes du nombre total des voix représentées.

Dispositions transitoires.

Paragraphe 12 (2). — 1. Les installations de puits nouvelles et indépendantes qui auront été notoirement entreprises avant le 1ᵉʳ juillet 1896 et annoncées au *Comité directeur* (*Vorstand*) conservent le droit de faire usage des dispositions du contrat du 19 février 1893, parag. 2, al. 3, aux termes duquel les nouvelles installations sont autorisées à extraire 400 tonnes par jour ouvrable et par puits, les doubles puits comptant pour deux puits.

2. L'extraction ainsi autorisée ne le restera cependant qu'autant qu'elle sera réellement atteinte par l'installation en question.

---

(1) Cet article, comme l'indique le texte, faisait partie, dans l'ancien contrat, du § 2 reproduit plus haut; il a du reste été notablement modifié.

DU MÊME AUTEUR :

9 782019 700959